◎北京市社会科学基金青年项目（23GLC037）
◎北京市教委一般科技项目（KM202211417008）
◎国家重点研发专项（2022YFC3300804）
◎国家社会科学基金一般项目（21BGL237）
◎北京市自科学基金——市教委联合科技计划重点项目（KZ202211417049）

跨境支付市场结构与竞争策略研究

Research on Cross-border Payment Market Structure and Competitive Strategy

丁庆洋 著

经济管理出版社
ECONOMY & MANAGEMENT PUBLISHING HOUSE

图书在版编目（CIP）数据

跨境支付市场结构与竞争策略研究/丁庆洋著．—北京：经济管理出版社，2022.7（2024.1重印）
ISBN 978-7-5096-8561-7

Ⅰ.①跨… Ⅱ.①丁… Ⅲ.①电子商务—电子支付—市场结构—研究 ②电子商务—电子支付—市场竞争—研究 Ⅳ.①F713.361.3

中国版本图书馆 CIP 数据核字(2022)第 120203 号

组稿编辑：魏晨红
责任编辑：魏晨红
责任印制：黄章平
责任校对：张晓燕

出版发行：经济管理出版社
（北京市海淀区北蜂窝 8 号中雅大厦 A 座 11 层　100038）
网　　址：www. E-mp. com. cn
电　　话：（010）51915602
印　　刷：北京厚诚则铭印刷科技有限公司
经　　销：新华书店
开　　本：720mm×1000mm/16
印　　张：12
字　　数：181 千字
版　　次：2022 年 10 月第 1 版　　2024 年 1 月第 2 次印刷
书　　号：ISBN 978-7-5096-8561-7
定　　价：68.00 元

前　言

在经济全球化深入发展的时代背景下，国家或地区间的经济贸易往来越发密切，资金的跨境支付、清算与结算业务规模持续扩大，频率日益提升，全球跨境支付产业初具规模。2013 年以后，我国逐渐放开了对非金融机构开展跨境支付业务的限制。一批对跨境电子商务具有深入认知的非金融支付机构，逐渐进入跨境支付业务的市场竞争中。这对我国原有的国际贸易经常项目下的跨境支付市场结构和市场竞争态势产生了深刻的影响。此外，区块链技术具有去中心化的技术特征，可应用于跨境支付业务领域，为有效地解决现有跨境支付业务中存在的不足提供了新的解决思路。因此，在跨境支付业务中引入区块链技术得到了广泛关注和认可。现阶段，研究人员对国际贸易经常项目下的跨境支付市场的研究多为现象梳理与问题对策分析，对跨境支付市场的市场结构及竞争策略的研究需要进一步深化。

基于以上现实背景和学术研究背景，本书展开研究的主要内容如下：

（1）分析了我国跨境支付市场结构，提出了当前我国跨境支付市场为有限垄断竞争市场的论断。目前的研究鲜有对我国跨境支付市场结构进行明确的阐释。本书基于时间维度，对我国跨境支付市场的市场结构及沿革历程进行了系统化研究。首先，简要介绍了跨境支付以及跨境支付市场，厘清了研究对象。其次，以历史事件为线索，对我国跨境支付市场的发展进程及其市场结构演变历程进行了回顾和分析。分析发现，我国跨境支付市场的发展进程可以划分为六个历史时期：①古代时期：跨境支付市场萌芽时期；②1911～1950年：跨境支付业务初步拓展时期；③1951～1986年：中国银行独家运营跨境支付业务时期；④1987～1994年：我国跨境支付市场初步形成时期；⑤1995～2013年：我国跨境支付市场快速发展时期；⑥2014年至今：跨境支付市场不断完善和调整并趋向成熟时期。前五个历史时期的市场结构经历了完全竞争、政府垄断、商业银行垄断和商业银行垄断下的非银行机构参与市场竞争的演变过程；同时，我国当前的跨境支付市场结构难以划归为已有的市场结构，进而深入分析了现阶段跨境支付市场中垄断与竞争的关系，并从市场外部因素、需求方因素和供给方因素分析了有限垄断竞争市场的形成机制。最后，基于跨境支付服务商的平台属性，采用霍特林模型对有限垄断竞争的跨境支付市场的定价差异、用户黏性及网络外部性等因素进行了分析。

（2）以跨境支付市场结构与服务商的业务实践为基础，从行业分工与合作的视角出发，结合国家相关监管政策，借助产业组织理论与演化博弈论，构建了相应的数理模型，对商业银行与支付机构的市场竞争策略进行了分析。针对商业银行传统国际结算业务，基于国际结算业务具有的网络外部性，构建了考虑网络外部性的拟线性二次效用垄断竞争模型（NEOT模型），对商业银行在国际结算业务中的竞争策略进行了分析；针对商业银行跨境电子商务支付业务，从商业银行与支付机构合作的视角出发，结合国家外汇管理局发布《支付机构外汇业务管理办法》的政策背景，构建了反映市场产品差异化、序贯进入均衡的价格竞争模型，即霍特林—伯特兰—斯塔克尔伯格模型（H-B-S模型），分析了商业银行服务于支付机构进而参与跨境电子商务支付市场竞争的策略。针对支付机构跨境支付业务，以国家外汇管理局出台的相关政策为背景，以我国支付机构的跨境支付业务与跨境电子商务深度融合为现实基础，采用两阶段演化博弈模型，从市场进入与接纳的视角分析了我国支付机构的跨境支付市场竞争策略。

（3）分析了区块链技术兴起背景下，跨境支付服务商的竞争策略，即跨境支付服务商的区块链选择策略和具体应用方案。首先，基于演化博弈模型，分析了跨境支付服务商在区块链技术兴起背景下，是否采纳区块链技术。研究表明，在一定条件下，会有部分跨境支付服务商选择采纳区块链技术；大型跨境支付服务商相比于小型跨境支付服务商，更倾向于选择采纳区块链技术。其次，从业务普适性、系统互操作性、系统运行效率、技术可实现性、国际金融体系冲击及政策不确定性等方面对跨境支付服务商的区块链技术采纳策略进行了对比分析。分析发现，不发行基于区块链技术的私人数字货币而是将区块链技术视为一种新型的信息技术，以优化现有的跨境支付业务流程或者进行业务重构，是当前跨境支付服务商的最优区块链技术采纳策略。最后，进一步研究和提出了跨境支付服务商区块链技术最优采纳策略的具体应用方案，即结合跨境金融通信运营商和商业银行的实际业务，提出了基于区块链的跨境金融通信系统（SWIFT 系统）分布式架构和商业银行跨境支付业务模式。

本书提出的有限垄断竞争市场结构，丰富了传统的市场结构理论。通过分析跨境支付服务商——商业银行和支付机构的跨境支付市场竞争策略，为其开展市场竞争活动提供了理论指导。分析在区块链技术兴起背景下，跨境支付服务商是否采纳区块链技术，以及采纳区块链技术的具体策略，为跨境支付服务商进行决策提供了理论指导。本书提出的基于区块链的跨境金融通信系统分布式架构和商业银行跨境支付业务模式，为跨境支付服务商采纳区块链技术进行跨境支付业务优化，进而提升市场竞争力提供了可借鉴的应用方案。

目　录

1 绪论

1.1 研究背景与研究意义

1.1.1 研究背景

跨境支付作为国际贸易与资本流通的关键环节，是国家之间开展支付活动的表征形式。伴随着社会生产分工专业化的深入推进，跨境支付逐渐形成为一个完整的产业，其产业规模不断扩大。根据国际知名咨询公司——麦肯锡发布的2019年全球支付报告显示，截至2018年，全球跨境支付市场的规模超过了22万亿美元，业务收入超过了2300亿美元，而伴随着国际贸易、人员流动的增加，跨境支付市场业务规模也将进一步保持快速增长的趋势。

在全球跨境支付市场快速发展的背景下，得益于传统国际贸易的不断增长、新兴跨境电子商务的崛起、出入境人员不断增加以及“一带一路”倡议的深入推进，我国的跨境支付市场也得到了快速发展，并呈现出新的发展趋势和特征。这些新的发展趋势和特征集中体现在以下三个方面：

第一，跨境支付市场的结构发生了巨大变革。在跨境支付市场中，非银行支付机构逐渐加入市场竞争中，其市场份额也逐步扩大。中华人民共和国成立以来，我国跨境支付业务长期由银行等金融机构主导。2013 年以后，我国逐渐放开了对非银行支付机构开展跨境支付业务的限制，中国人民银行及其下属的国家外汇管理局，通过采用“申请—审批”的管理方式，有序推进了非银行支付机构进入跨境支付市场的进程。截至 2019 年 4 月 29 日国家外汇管理局发布《支付机构外汇业务管理办法》之前，我国境内被允许开展跨境支付业务的支付机构已经达到 30 家。而 2019 年 4 月 29 日发布的《支付机构外汇业务管理办法》进一步将“申请—审批”制变革为“申请—登记”制，在此背景下，我国境内的近 300 家持牌支付机构只要在国家外汇管理局进行登记备案便可以开展跨境支付业务，这不仅为支付机构进入跨境支付市场提供了便利，同时也进一步加剧了市场竞争，对整个跨境支付市场的市场结构产生了重要的影响。

第二，我国跨境支付市场中的跨境支付服务商所提供的服务日益多元化和复合化。在我国监管部门允许非银行支付机构进入跨境支付市场之前，跨境支付的服务商主要为商业银行，同时受制于国家相关监管部门的行政规制和银行自身规模，整个市场的竞争程度较低，跨境支付服务的业务类型相对较少。在我国监管部门允许非金融支付机构进入跨境支付市场后，支付机构立足于跨境电子商务的基本支付需求，也在不断探索新的增值服务，如代理报税/报关、协助建站等，其竞争的手段和提供的服务日益多元化和复合化。另外，在我国现行的监管体制和产业分工的影响下，商业银行不仅直接服务于终端用户，也面向支付机构为其提供跨境支付业务。因此，商业银行同行业之间不仅要在传统的国际结算业务市场中开展竞争，也需要在服务于支付机构的业务市场中开展竞争。这要求商业银行提供的跨境支付服务也应该更加多元化和复合化。

第三，区块链技术在跨境支付领域具有应用价值已成为共识，并广受重视。区块链技术发端于数字加密货币——比特币，具有去中心化、分布式共识、端对端传输和防篡改的技术特性，为解决现阶段基于中心化的传统跨境支付模式存在的运行成本高、运行效率低以及资金追溯难的问题提供了新的解决思路。区块链技术应用于跨境支付领域受到了产业界的广泛关注，一些初创型金融科技公司

（如 Ripple Labs）和巨头互联网公司（如 Facebook）、金融机构（如中国银行）纷纷开展了基于区块链技术实现跨境支付业务优化的探索，并取得了积极进展。

针对以上跨境支付市场中出现的新趋势和新特征，相关理论研究略显不足。现阶段理论研究中的不足集中体现在：其一，对我国跨境支付市场，尤其是对支付机构进入跨境支付市场之后的市场结构问题尚未有明确论述；其二，在新的监管政策和市场环境出现变化的背景下，对于跨境支付服务商的市场竞争策略的研究尚不充分；其三，在区块链技术兴起的背景下，跨境支付服务商是否会采纳区块链技术，以及采纳区块链技术的策略及相关具体方案需要进一步明确。

1.1.2 研究意义

针对现阶段我国跨境支付市场发展呈现出的新特征，以及现阶段相关研究中存在的不足，本书围绕跨境支付市场结构与竞争策略这一研究主题展开。其研究意义如下：

1.1.2.1 理论意义

（1）本书有助于丰富和完善市场结构理论。当前，尚未有对我国跨境支付市场的市场结构进行明确阐释的研究，同时我国跨境支付产业发展态势以及跨境支付市场的特征与现有的市场结构理论存在冲突。本书基于我国跨境支付市场的客观现实，结合市场结构理论的分析视角，分析了当前我国跨境支付市场结构，并提出关于市场结构的新论断，不仅有利于提升理论对现实的解释力度，也有助于丰富和完善市场结构理论。

（2）有利于推进产业组织理论的创新和发展。本书以跨境支付服务商——商业银行与支付机构的业务实践和相关国家监管政策为基础，对传统市场竞争模型进行了拓展，则有利于推进产业组织理论的创新和发展。

（3）有利于推进区块链技术应用理论的发展和完善。本书在区块链技术兴起的背景下，分析跨境支付服务商是否采纳区块链技术以及区块链技术最优的采纳策略，实现了对区块链技术应用理论的丰富，推进了区块链技术应用理论的发展和完善。

1.1.2.2 实践意义

（1）为我国相关行业引入新的市场竞争主体、深化市场改革提供借鉴。本书通过分析跨境支付市场结构并提出新的市场结构，为我国在“互联网+”时代背景下，在具有行政垄断特征的行业，引入新的市场竞争主体、深化市场改革提供了借鉴和参考。

（2）在分析市场结构和产业内部分工状况的基础上，分析跨境支付服务商的竞争策略，为我国跨境支付服务商开展业务竞争提供了理论指导。

（3）结合区块链技术提出跨境支付分布式系统架构与模型，不仅为跨境支付服务商充分利用区块链技术优化自身业务提供了借鉴，也为推进区块链技术与产业融合和区块链技术的大规模商业化应用提供了重要参照。

1.2 主要研究内容与研究方法

1.2.1 主要研究内容

本书主要研究内容如下：

第一，从历史发展的视角对我国跨境支付市场结构进行系统化分析，并重点研究现阶段我国跨境支付市场结构。具体内容如下：首先，简要介绍跨境支付以及跨境支付市场，厘清研究对象；其次，以历史事件为线索，对我国跨境支付市场的发展进程及其市场结构的历史沿革进行回顾和分析；再次，深入分析现阶段跨境支付市场中垄断与竞争的关系，提出现阶段我国跨境支付市场为有限垄断竞争市场的论断，并从市场外部因素、需求方因素和供给方因素分析有限垄断竞争市场的形成机制；最后，基于跨境支付服务商的平台属性，采用霍特林模型对有限垄断竞争的跨境支付市场的定价差异、用户黏性及网络外部性等因素进行分析。

第二，基于跨境支付市场结构和服务商的实际业务，借助产业组织理论中的市场竞争模型和演化博弈模型，分析商业银行及支付机构的跨境支付业务的市场竞争策略。具体研究内容如下：首先，针对商业银行传统国际结算业务，采用考虑网络外部性的垄断竞争模型（NEOT 模型），对其市场竞争策略进行分析；其次，针对商业银行跨境电子商务支付结算业务，基于商业银行与支付机构合作并为支付机构提供支付结算服务的现实背景，建立一个考虑服务差异化、序贯均衡的霍特林—伯特兰—斯塔克尔伯格的价格竞争模型（H-B-S 模型），对商业银行服务于支付机构，进而参与跨境电子商务支付结算市场竞争的策略进行分析；最后，针对支付机构跨境支付业务，从市场进入与接纳的视角出发，采用两阶段演化博弈模型，对支付机构跨境支付业务的市场竞争策略进行分析。

第三，分析在区块链技术兴起背景下，跨境支付服务商的竞争策略，即跨境支付服务商是否采纳区块链技术，区块链技术的最优采纳策略和具体应用方案。具体研究内容如下：首先，基于演化博弈模型，分析在区块链技术兴起背景下，跨境支付服务商在业务竞争活动中，是否采纳区块链技术；其次，介绍和分析跨境支付服务商区块链技术采纳的策略，即发行私人数字货币和不发行私人数字货币，从业务普适性、系统互操作性、系统运行效率、技术可实现性、国际金融体系冲击及政策不确定性等方面对跨境支付服务商的两种区块链技术采纳策略进行对比；最后，提出跨境支付服务商最优区块链技术采纳策略的具体应用方案，即结合跨境金融通信服务提供商和商业银行的实际业务，提出基于区块链的跨境金融通信系统（SWIFT 系统）分布架构和商业银行跨境支付业务模型。

1.2.2 研究方法

本书不仅涉及市场结构与市场竞争策略等经济学相关问题，同时也涉及区块链技术应用等计算机信息领域相关问题，具有多学科交叉性。因此，在研究过程中需要采用多学科的研究方法。

（1）文献研究法。本书采用文献研究法梳理跨境支付市场研究现状，归纳、总结跨境支付业务、跨境支付市场发展现状。

（2）理论建模分析法。考虑到数据的可获得性以及主要的研究内容，本书选取理论建模分析法，对市场竞争主体的市场竞争策略以及区块链技术采纳问题开展分析，主要结合的理论包括产业组织理论、演化博弈论。

（3）信息系统分析法。本书采用信息系统分析法研究跨境支付服务商的区块链技术最优采纳策略，并提出了基于区块链的跨境金融通信系统（SWIFT 系统）分布式架构以及商业银行跨境支付业务模式。

1.3 研究逻辑及技术路线

1.3.1 研究逻辑

本书的研究逻辑如图 1-1 所示。

首先，归纳和总结我国跨境支付市场发展过程呈现的新动向，并抽象分析出其中蕴含的经济和信息技术问题。

其次，以我国跨境支付市场的发展历程及现状为基础，结合市场结构理论，分析我国跨境支付市场结构的演变历程以及当前我国跨境支付市场结构。

再次，结合产业组织理论、演化博弈理论等，分析在有限垄断竞争市场结构下，商业银行与支付机构的竞争策略。

最后，分析在区块链技术兴起背景下，跨境支付服务商的竞争策略。分析跨境支付服务商在市场竞争中是否采纳区块链技术，并分析采纳区块链技术的最优策略。以此为基础，进一步深入探讨跨境金融通信运营商和商业银行基于区块链技术的具体应用方案，提出了基于区块链的 SWIFT 系统分布式架构以及商业银行跨境支付业务模型。

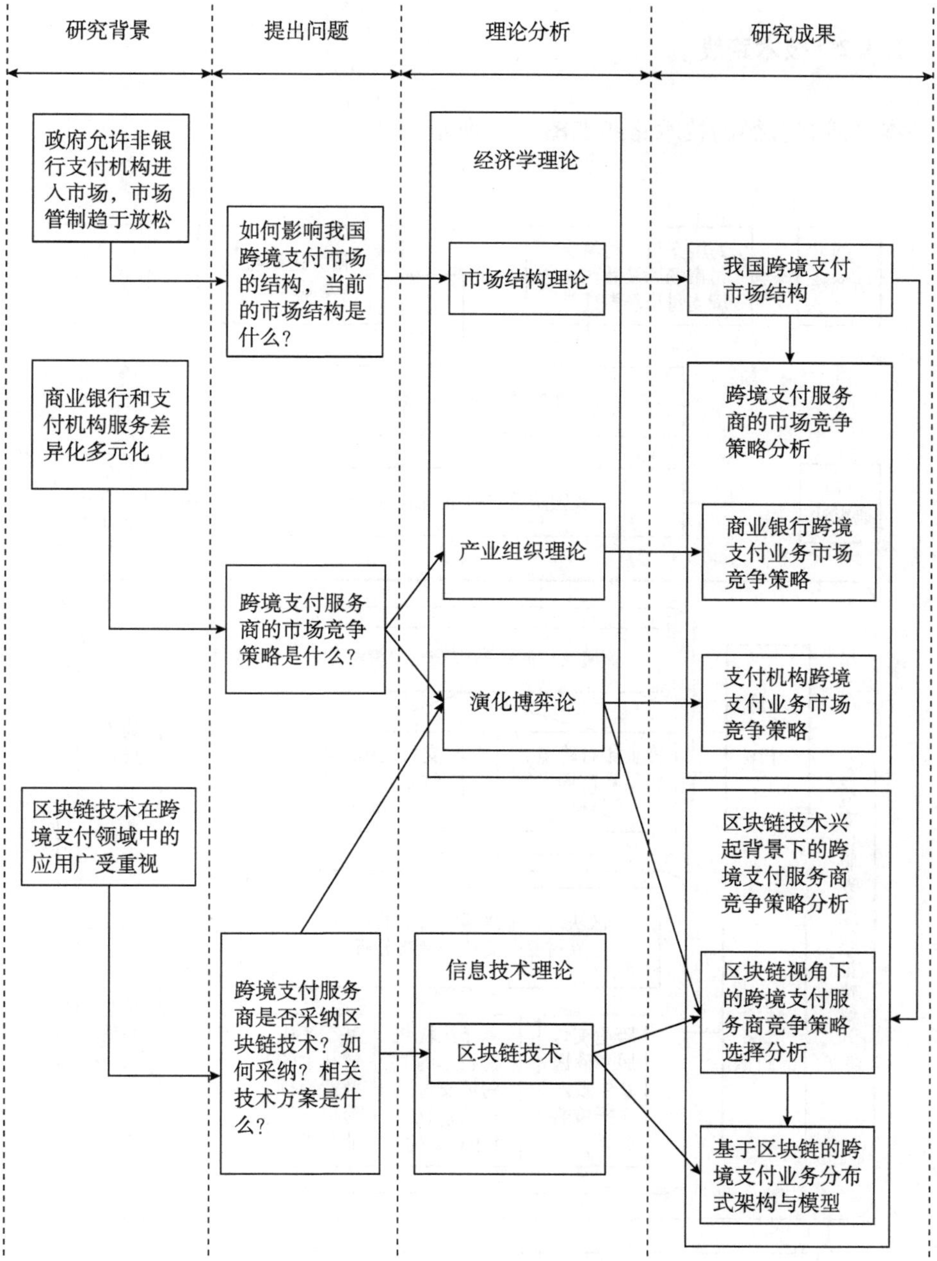

图 1-1　研究逻辑

资料来源：笔者绘制。

1.3.2 技术路线

本书研究遵循的技术路线如图 1-2 所示。

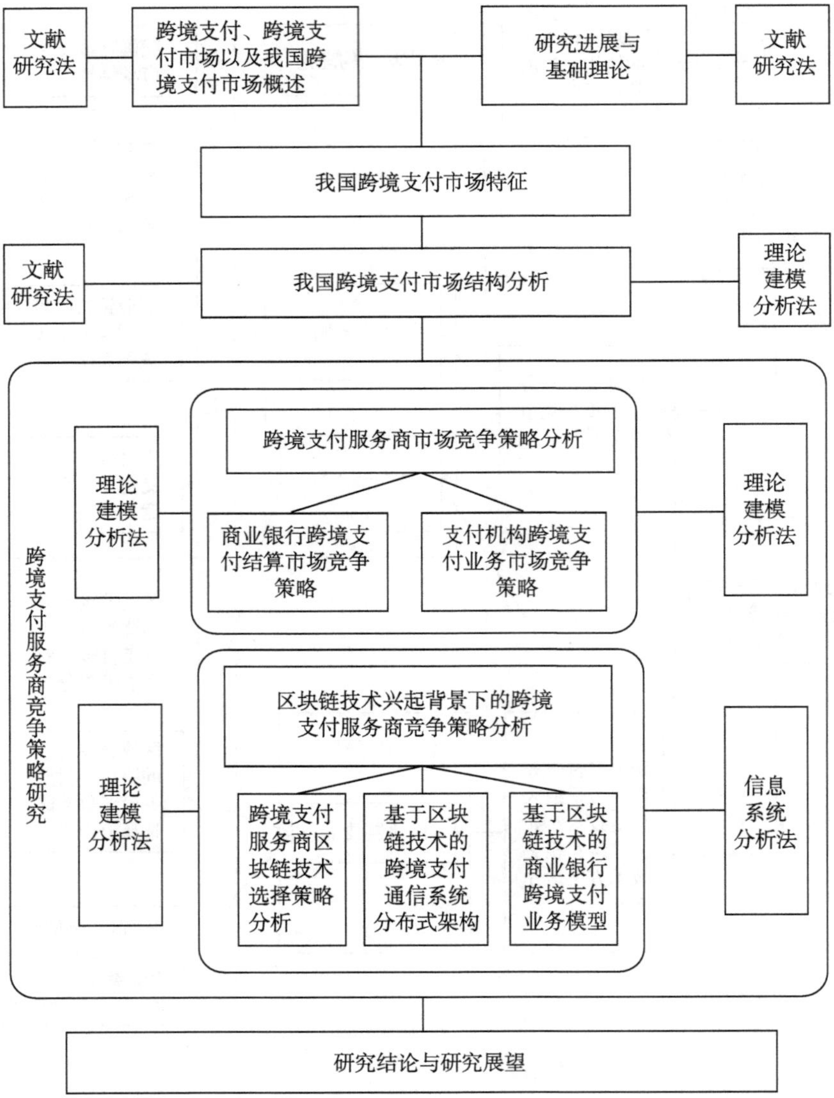

图 1-2 技术路线

资料来源：笔者绘制。

第一，梳理现有的跨境支付以及跨境支付市场的相关研究和本书研究中所涉及的经济学基础理论和信息技术理论。此过程中，主要采用的研究方法为文献研究法。

第二，回顾和梳理我国跨境支付市场的发展历程。在此过程中，主要采用的研究方法为文献研究法。具体而言，通过查阅相关学术论文、行业研究报告、国家相关法律规定以及其他公开资料对跨境支付以及跨境支付市场发展情况进行回顾和梳理。

第三，对我国跨境支付市场的基本特征进行分析，结合相关市场结构理论分析我国的跨境支付市场结构。此过程采用的研究方法为文献研究法和理论建模分析法。

第四，分析我国跨境支付服务商——商业银行和支付机构的竞争策略。以跨境支付服务商的业务实践和市场结构为基础，结合经典的市场竞争模型以及演化博弈模型，构建本书开展市场竞争策略分析的数理模型，进而分析跨境支付服务商的竞争策略。在此过程中，主要采用的研究方法是理论建模分析法。

第五，分析在区块链技术兴起背景下的跨境支付服务商是否采纳区块链技术以及采纳策略，并提出具体应用方案。在此过程中，主要采用的研究方法为理论建模分析法和信息系统分析法。

第六，总结本书的主要研究结论，并展望进一步研究的方向。

1.4 研究重点与创新点

1.4.1 研究重点与难点

本书研究的重点与难点主要包括以下三个方面：

第一，现阶段跨境支付市场结构分析。我国现阶段跨境支付市场的基本事实难以将其市场结构划归为现有的市场结构理论提及的任何一种市场结构，因此如何在现有理论的基础上，结合我国跨境支付市场客观现状，分析和提出我国跨境支付市场结构成为本书的一个研究重点。

第二，构建分析跨境支付服务商竞争策略的数理模型。我国当前跨境支付市场结构以及其呈现的特征，使本书在构建数理模型的过程中，需要进一步厘清现有的经济学基础模型在分析客观现实中的适用性。同时，需要对其进行修正和补充以确保所建立的数理模型可以准确地反映现实情况。因而，构建分析跨境支付服务商竞争策略的模型也成为本书的一个难点问题。

第三，跨境支付服务商采纳区块技术的具体应用方案，即基于区块链的 SWIFT 系统分布式架构与商业银行跨境支付模型。当前，区块链技术在吞吐量、运行效率、可监管性方面存在不足。在构建基于区块链的 SWIFT 系统分布式构架的过程中，其组网机制设计、分布式共识以及数据查询交互机制，成为本书的一个研究难点。在基于区块链的商业银行跨境支付业务模式中，提出兼顾金融可监管性和消费者便利性的可行性技术方案则是本书的又一个研究难点。

1.4.2 创新点

本书的创新点如下：

第一，提出了当前我国跨境支付市场为有限垄断竞争市场的论断。区别于传统市场结构理论和已有研究，本书指出当前我国跨境支付市场中的跨境支付服务商既是市场的有限垄断者也是市场的有限竞争者。该论断的理论边际贡献在于基于跨境支付市场特征，分析了政府管制和产业分工专业化对市场中垄断与竞争关系的影响，这种市场结构的提出为解释跨境支付市场的行业现象提供了理论支持，也进一步推进了市场结构理论的发展。

第二，基于跨境支付产业分工与合作的视角，提出了跨境支付服务商的市场竞争策略。与现有研究中，多基于分割商业银行跨境支付业务和支付机构跨境支付业务的研究视角，以及使用定性分析的研究方法不同，本书基于产业分工与合作的视角，结合跨境支付业务机理、政府管制和跨境支付服务商的业务实践，采用数理模型，分析了有限垄断竞争的跨境支付市场中商业银行和支付机构的市场竞争策略，为其开展市场竞争活动提供了理论指导。

第三，分析了在区块链技术兴起背景下，跨境支付服务商区块链技术的选择策略，提出了基于区块链的跨境金融通信系统（SWIFT 系统）分布式架构和商业银行跨境支付业务模式。区别于已有研究多分析区块链技术在跨境支付领域中的可行性、适用性及监管问题，本书从微观层面分析了跨境支付服务商在区块链技术兴起背景下的竞争策略，即跨境支付服务商在业务竞争中是否采纳区块链技术以及采纳区块链技术的最优策略。同时，结合跨境金融通信运营商和商业银行的业务实践，提出了基于区块链的跨境金融通信系统和商业银行跨境支付模型。提出的基于区块链的 SWIFT 系统分布式架构，具有去中心化、可追溯、安全、高效的特征，提出的基于区块链的商业银行跨境支付业务模型，综合了基于区块链的数字货币时效性强的优势和传统商业银行跨境支付业务模式中的可监管性强的优势。

2 国内外研究现状与基础理论

作为国家或地区之间贸易往来、资金流通的重要环节，跨境支付受到国内外研究人员的广泛关注，并取得了丰硕的研究成果。本章将对国内外跨境支付市场的相关研究进行梳理，分析现有研究的不足，并介绍本书的相关基础理论。

2.1 国内外研究现状

2.1.1 跨境支付市场发展现状的相关研究

当前，尚未有研究对我国跨境支付市场的市场结构进行明确阐释。相关研究主要集中于对跨境支付市场发展现状的分析与梳理，跨境支付市场发展现状的相关研究进展如下：

2.1.1.1 全球跨境支付市场现状与新趋势

现阶段，跨境支付市场规模不断扩大，新的跨境支付方式、市场参与者、跨境支付技术不断涌现，市场的复杂性与多层次性不断凸显。在此背景下，世界知名的研究组织以及学者对跨境支付市场的现状进行了梳理和总结。Bank for International Settlements（2018）对世界范围内跨境支付零售市场进行了分析和介绍，总结梳理了跨境支付业务的基本机理（见图 2-1），并对市场需求、市场供应前端、供应后端存在的问题进行了阐述。

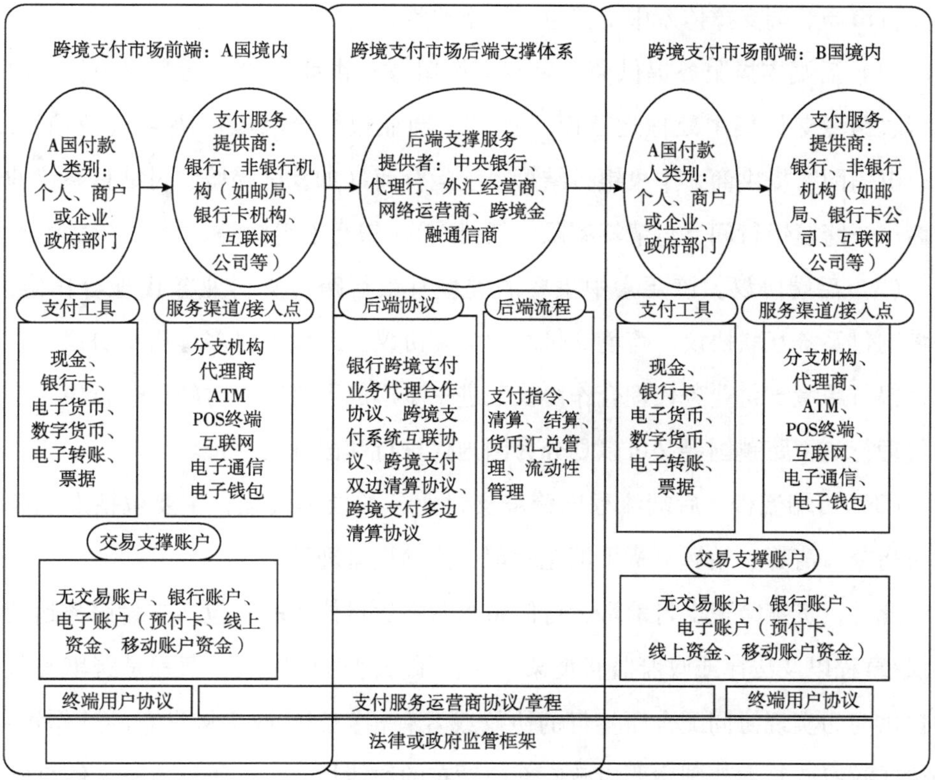

图 2-1 跨境支付业务机理

资料来源：根据国际清算银行支付与市场基础设施委员会提供的公开资料整理。

如图 2-1 所示，跨境支付业务的前端运营体系涉及的要素主要包括：

（1）付款人和收款人。付款人和收款人包括个人、商户或企业、政府部门等。

（2）跨境支付服务前端提供商。根据机构性质主要可以划分为银行和非银行机构。根据银行的运营方式又可以划分为传统银行、网上银行。非银行机构主要包括邮局、银行卡机构、互联网公司、货币运营商等。

(3) 跨境支付工具。跨境支付工具主要包括现金、银行卡、电子货币、数字货币、电子转账、票据等。

跨境支付后端供应商主要提供跨境支付资金的清算与结算业务。现阶段，跨境支付市场后端支撑体系中主要包括以下要素:

(1) 后端支撑服务提供商。后端支撑服务提供商主要包括商业银行、中央银行、跨境支付集中处理运营商（如环球同业银行金融电信协会）、外汇代理商、电信网络提供商、中央银行结算系统运营商（如我国跨境支付结算系统的运营商——跨境银行间支付清算有限责任公司）、银行卡组织等。

(2) 后端协议。该要素中主要的类型有银行跨境支付业务代理合作协议、跨境支付系统互联协议、跨境支付双边清算协议、跨境支付多边清算协议等。其中，银行跨境支付业务代理合作协议又进一步形成了跨境支付的代理行模式，根据代理行是否跨越国界又可以划分为国内代理行和国际代理行。

(3) 后端流程。后端流程即跨境支付业务的处理过程，主要包括发起跨境支付指令、清算、结算、货币汇兑管理、流动性管理等。

此外，贯穿跨境支付前端运行体系和后端运行体系的还包括支付服务运营商协议/章程以及法律或政府监管框架。支付服务运营商协议、章程是跨境支付服务提供商为实现协同配合而签订的协议或者有相关部门或机构发布的运作章程。法律或政府监管框架则主要由政府部门颁布的法律规定、监管性政策文件组成。

eServGlobal（2018）对全球的跨境支付市场进行了概述，指出跨境支付市场业务金额达到22万亿美元，并在不断增长，全球95%的市场份额为银行所占据，然而跨境支付中依然存在交易透明度低、成本高昂、安全性难以得到充分保障等问题。该报告同时也对全球支付市场中的支付工具、支付模式、客户类别以及客户需求、可用技术等方面进行了总结。

中国人民银行支付结算司发布的《2018 年支付体系运行总体情况》则对我国的跨境支付市场的运行总体量进行了阐述，指出 2018 年境内外币支付系统共处理业务 213.52 万笔，处理业务金额为 1.25 万亿美元（折合人民币约为

8.33 万亿元），同比分别增长 5.88%和 24.07%。日均处理业务 8243.87 笔，金额 48.25 亿美元（折合人民币约为 321.50 亿元）；人民币跨境支付业务方面，2018 年人民币跨境支付系统处理业务 144.24 万笔，金额为 26.45 万亿元，同比分别增长 14.57%和 81.71%。日均处理业务 5723.74 笔，金额为 1049.46 亿元。

World Bank Group（2017）针对全球的移民和汇款问题做了简要报告，该报告着重关注于降低汇款成本、降低技术移民的招聘成本。报告对 2016 年的全球汇款趋势进行了分析，指出发展中国家的汇款流量连续两年下降并分析了相关影响因素，而与此同时，汇款的成本费用并没有显著降低，截至 2017 年第一季度，全球的汇款平均成本依然保持在 7.5%，显著高于世界银行 2017 年制定的 3.5%的目标，其主要因素在于去风险化，不仅增加了监管风险，同时也提高了使用智能技术的小型和新型汇款服务提供商的准入门槛。该报告还讨论了移民招聘成本，以及如何应对全球移民问题和难民危机等问题。

KPMG Service Pte（2018）对数字经济时代的跨境支付的机遇与挑战发布了研究报告，对跨境支付的行业痛点进行了梳理，并指出了行业痛点产生的根本原因以及具体表现。最后，该研究报告提出了三种潜在的跨境支付模式，即基于当前支付和结算系统、跨境支付监管法律和基础设施进行持续的改善，让 RTGS 运行商承担“超级通信者”的角色，采用央行发行的数字货币进行跨境支付。

Gaurav 等（2018）梳理了 2018 年跨境支付市场的前十个趋势。①银行的平台化趋势，以实现合作和维持支付市场中的角色；②支付中介机构的聚集和进化使基础设施趋于合理化；③支付服务供应商和银行希望通过加强其运营以形成更大的组群；④开放的 API 接口使利益相关者可以进行更好的合作；⑤无接触付款和无线付款等可替代性支付通道正在增长；⑥银行和金融科技公司正在开发基于分布式账本技术的跨境支付方案；⑦企业的大额付款正在向瞬时支付流程转化；⑧由于信息安全风险的凸显，监管更加注重数据隐私保护；⑨机器人自动识别和机器学习的使用使支付机构可以更好地识别交易欺诈；⑩支付企业不断增加在先进审核技术方面的投资以减小欺诈和数据缺失的影响。

王朝阳和宋爽（2020）对全球跨境支付中所基于的美元体系进行了分析，指出虽然美元在外汇储备、国际债券、外汇交易和国际支付领域仍占绝对优势，但是一叶落而知秋至，各国对脱离或超越美元的跨境支付工具的追求，或将挑战整个美元体系的运转并影响美元霸权。

2.1.1.2 我国跨境支付市场发展现状

在跨境支付市场发展现状分析的相关研究中，研究人员根据市场主体性质的不同，将跨境支付划分为银行国际结算业务和支付机构跨境支付业务（第三方跨境支付）。

国际结算（International Settlement）通常是指以货币表示的债权债务的清算行为或资金转移行为，是一项国际性的经济活动，主要依靠各国经营国际业务的银行来进行（张晓明，2013）。关于银行国际结算业务市场发展现状研究如下：李晓蕾（2018）对国际结算业务发展趋势进行了分析，指出国际结算方式在大数据时代呈现出融资种类多样化、结算电子化、国际惯例完善化和商业信用更加重要的发展趋势。兰青（2018）从内部视角分析了商业银行国际结算业务市场中存在的风险，认为主要包括汇出/入风险事项、进/出口代收风险事项、进/出口信用证业务的风险事项等。王坤（2017）对银行的国际结算业务中的电汇业务和信用业务的风险进行了分析，指出电汇业务申请、业务审核、业务准备、业务经办、业务复核、业务授权、业务交接、资金清算、清算确认中存在操作风险，在分析信用证风险时指出了开证人经营风险、信用证自身缺陷、单据伪造诈骗和相关人员经验不足导致的风险等。韦统郡（2015）对我国商业银行国际结算业务面临的风险状况进行了分析，指出我国商业银行国际结算中的信用证业务主要面临的风险包括拒付风险和欺诈风险。其中，产生拒付风险的主要因素包括：国内信用证要求的“货物收据”与国际信用证要求的“提单”性质不同，国内信用证对销售方装运货物的时间、方式等有明确的要求，销售方必须在信用证有效期内提单。主要欺诈风险的产生因素包括开证行风险、收取假冒信用证风险和信用证软条款风险。

第三方跨境支付，即支付机构跨境支付业务，是指由区别于收款人、付款人的第三方非金融机构提供资金跨境支付服务（常鸿雁，2015）。第三方跨境支付常见于学术论文、行业报告以及新闻通信中。在政府部门相关管理政策、文件中，一般被称为“非银行支付机构外汇业务”“非金融支付机构外汇业务”等。2019 年 4 月 29 日国家外汇管理局出台的《支付机构外汇业务管理办法》将“第三方跨境支付”统一称为支付机构外汇业务，并指出支付机构外汇业务是指支付机构通过合作银行为市场交易主体跨境交易提供的小额、快捷、便民的经常项下电子支付服务，包括代理结售汇及相关资金收付服务。支付机构跨境支付市场发展现状的相关研究如下：潘成蓉（2018）分析了第三方跨境支付的发展现状以及对跨境电子商务的影响，从安全性、便利性、声誉机制、产品特色化、信用体系建设角度提出了优化跨境支付促进跨境电子商务发展的具体路径。龚榆桐和李超建（2018）对国内支付机构跨境电商支付系统发展现状进行了调查，指出国内跨境电商支付主要存在管理资费标准高、跨境融资难度大、资金回笼周期长、经营风险盲点多、缺乏国际话语权、支付环节风险多等问题，基于此提出中国跨境电商支付平台发展的对策，主要包括：科学设计手续费，注重市场长效效益；全面推动本土化，减少交易时间流程；保持稳定资金流，拓展境外融资渠道；提升国际话语权，增强平台维权能力；依托大数据优势，规避支付环境风险等。易宝研究院（2018）发布了《第三方跨境支付行业研究报告》对我国跨境电商支付市场的行业发展背景、发展现状、发展环境、商业模式、收费模式、业务范围、核心竞争力、同业竞争程度、行业壁垒等进行了分析，指出“一带一路”倡议以及政府鼓励政策为跨境支付发展提供了良好的机遇，旅游、留学、电商等刺激了跨境支付市场的需求。梁其钰（2018）分析了我国支付机构跨境电子商务支付的发展现状和面临的风险，提出了健全支付业务的法律法规，规范跨境电商支付交易主体，简化跨境电商支付流程，灵活调整计价币种及时有效应对汇损，多种跨境支付搭配使用，以降低跨境电商支付风险的策略。张夏恒（2017）分析了支付机构跨境电子商务支付发展的现状，总结了跨境电子商务支付企业类型以及北美地区、欧洲地区、东北亚地区、拉美地区和中国的跨境电子商务支付习惯及支付业务模式，梳理了跨境支付方式普及率与覆盖范围、交易主体使用偏好、使用成本和特征、优势等影响跨境电子商务支付选择和使用的因素，提出了跨境电子商务企业选择跨境支付方式的建议，包括多种跨境支付搭配使用、目标市场与自身特点相结合、依托平台发挥协同效应等。Zhang（2017）对中国跨境电子商务的线上支付方式进行了介绍，指出当前存在的三种主要支付方式为：速汇金汇款、第三方支付、国际信用卡。其存在的风险主要包括交易信用风险、交易确认风险、网络风险，相应的风险管控措施为强化信用识别和保护、加强网络安全。陈伟东和朱建明（2016）对跨境电子商务中的第三方支付机构的信息审核、支付业务、监管机构的信息审核、外汇信息统计以及网络支付渠道的资金交付安全等方面进行了分析，结合立法现状、我国跨境支付业务的交易流程和国际跨境电商发展的背景，从履行审核责任、保证交易真实、把控汇率风险、减少支付损失、审慎监管业务、增强技术创新等方面提出了可行的建议和对策。

2.1.2 跨境支付服务商市场竞争策略的相关研究

研究人员分析国际收支经常项下的跨境支付市场竞争策略的研究，主要包括商业银行和支付机构的市场竞争策略的相关研究。

2.1.2.1 商业银行国际结算业务市场竞争策略

商业银行国际结算业务市场竞争策略的研究进展如下：

栗田智（2018）对中国农业银行满洲里分行国际结算业务的发展现状、竞争环境以及竞争条件进行了分析，指出竞争策略的重点在于实现差异化服务和产品差异化，并进一步指出了落实竞争策略的保障举措，即认真分析国际业务的发展新形势，树立现代营销理念抢占市场先机，加强人才培养和考核激励机制等。上官云艳（2017）对中国农业银行甘肃分行结售汇业务的竞争战略进行了研究和分析，通过分析中国农业银行甘肃分行的结售汇业务竞争战略的目标客户、目标地区和目标产品选择提出了其相应的跨境支付战略，提出了落实结售汇客户名单制管理、拓展同业结售汇业务合作、推行本外币一体化营销模式、制定差异化定价、调整人员配置、创新产品类型以及落实风险等管控措施。王婧（2017）对中国银行济南地区国际结算业务竞争战略进行了分析，并结合中国银行济南地区国际结算业务的外部环境、内部资源与能力的实际情况，提出了相应的集中化战略、成本领先战略和差异化战略，以及战略实施的具体措施，即加强产品联动和创新，抢占市场先机，打造一站式服务中心，提升客户体验和战略保障措施，优化管理流程，优化绩效考核和激励，建设企业文化，打造高精信息系统等。陈凡（2016）分析了“一带一路”倡议下我国银行业跨境业务发展的现状与机遇，指出了我国银行业跨境业务的设想，如提供工程承包及设备出口金融服务、跨境投资综合金融服务和海外并购综合金融方案。Broom（2015）指出，由于受到快速变化的技术、不断增长的非银行业企业数量、不断变化的客户期望、不断增加的监管以及不断变化的全球人口统计数据的共同影响，全球支付领域正在发生根本性转变。为了进一步的发展，银行必须确保快速有效地应对行业的变化，以满足越来越多的跨境支付需求。该文章还研究了影响支付业务的关键因素，如跨境支付的复杂性、市场需求的不断增长，以及银行可以采取的应对策略，即通过行业间加强合作、银行与非传统银行机构以及与新的市场参与者建立合作关系，银行利用自身特有的行业价值与合作伙伴支持的支付渠道和能力相结合。周哲英（2014）通过对湖南省各银行的调查，研究了银行机构结售汇业务的网点优化布局问题。首先分析了湖南省银行结售汇业务网点的布局现状。其次指出了管理中存在的问题。最后提出了相应的优化策略：①指导和督促银行结售汇网点优化布局，主要包括多渠道推进银行结售汇网点建设，坚持市场方式引导区域合理布局，实行差异化和专业化服务实现产品合理布局。②规范结售汇市场准入管理，主要包括完善网点结售汇市场准入备案管理，实施准入与退出平衡管理。③加强政策传导和风险控制，主要包括建立后续监管机制、完善风险承担机制、拓展政策传导渠道。祝晓芸（2012）对交通银行内蒙古分行的国际结算业务竞争战略进行了分析，首先对交通银行内蒙古分行的国际计算业务的战略环境和自身能力进行了分析，其次指出了国际结算业务的战略内涵，最后分析了交通银行内蒙古分行国际结算业务竞争的战略举措，包括加强组织机构建设，合理规划网点，积极拓展市场夯实国际结算业务的客户基础，积极开发新产品提高业务联动性，建立并完善内控机制，加强员工绩效考核和员工人才队伍建设。王瑜熳（2012）对人民币国际化趋势下我国商业银行国际结算业务的竞争力进行了分析，提出了包含生产要素、需求条件、相关支持产业、市场机会、监管政策、企业条件及竞争对手等要素的钻石模型，并分析了人民币国际化对信用证、汇款托收、保理业务等主要结算方式的影响。

2.1.2.2 支付机构跨境支付业务市场竞争策略

支付机构跨境支付业务市场竞争策略的相关研究成果主要包括：

基于产业案例分析支付机构跨境支付市场竞争策略。跨境支付市场方兴未艾，相关行业中出现了一批技术领先、模式先进的从业组织，为研究跨境支付市场的发展提供典型的分析案例。其中代表性的研究包括：梁尧（2017）以 PingPong 跨境支付平台为例对跨境电商支付平台的发展与应用进行了探讨，指出了跨境支付存在的问题，如支付平台收费高、资金回流速度慢、跨境电商企业融资难、国际地位及话语权弱、支付过程中交易风险突出等，以此为基础对 PingPong 进行了 PEST 分析，介绍了 PingPong 的跨境支付解决方案，包括提高收款效率加速资金回流、自建电商信用体系实现快速融资、通过技术创新提高支付平台安全性等，最后总结了 PingPong 在跨境支付平台中的成功之处，并提出了第三方跨境支付发展的建议。张鹏坤（2017）以京东金融旗下的跨境支付子公司 WY 企业为例进行了 SWOT 和 PEST 分析，从调整组织结构、优化人力资源、提高产品质量、构建支付生态、建立产品差异化和创新驱动发展六个方面介绍了 WY 企业跨境支付业务发展的对策。王帅（2015）对全球速卖通和亚马逊的电子商务支付从支付方式、支付流程和支付风险三个方面进行了对比，并分析了二者存在的问题，并对亚马逊和全球速卖通的跨境电商支付优化提出了政策建议。张海涛（2015）对 PayPal 在中国市场的营销策略进行了研究，在介绍其基本情况的基础上，从宏观和微观的角度对营销环境进行了对比，分析了 PayPal 在产品营销策略、定价营销策略、渠道营销策略和促销营销策略方面的调整与完善，并指出了该公司在战略合作、政府合作和人力资源本土化建设方面为业务营销提供的保障措施。

基于 SWOT 研究方法分析支付机构跨境支付市场竞争策略。SWOT 分析法是分析企业发展战略的重要研究方法，研究人员也借鉴该方法对支付机构的发展策略问题进行了分析。相关成果主要包括：蔡亚青（2016）分析了第三方支付机构的现状和发展环境，对第三方支付机构的竞争能力进行了SWOT分析，明确提出第三方支付机构的业务发展模式必须从粗放的价格竞争模式转为优质多样化服务竞争模式，第三方支付机构必须依托移动互联网技术，进行业务多元化创新并融合互联网金融，不断叠加个性化增值服务以捆绑或黏附核心客户，并积极向金融消费业务和小微企业金融服务领域发展。赵小娟和朱建明（2015）采用SWOT模型对我国第三方跨境支付的优势、劣势、机遇和威胁进行了定性分析，运用层次分析法对主要影响因素进行了定量分析，并具体分析了W-O战略、S-O战略、W-T战略和S-T战略。

基于用户使用意愿的角度分析支付机构如何开展跨境支付业务。赵俊峰（2018）利用技术接受模型分析了中小跨境电商企业对第三方支付的使用意愿，分析结果显示：企业的信任对感知风险、感知易用性和感知有用性具有正向影响，主观规范对感知有用性、感知易用性具有正向影响，感知易用性对感知有用性具有正向影响。感知有用性对使用意向具有正向影响，而信任对使用意向没有直接影响。基于以上实证检验结果，提出了完善网络跨境支付管理、加大行业扶持力度、提高跨境支付新技术的研发与应用、简化支付平台的操作流程加强支付平台的操作指引、增加对系统的更新与维护提高用户安全意识、强化口碑宣传提升品牌推广、增加平台功能、满足用户多样化需求等建议。

2.1.3 跨境支付服务商区块链技术应用的相关研究

伴随着区块链技术的发展以及人们对其技术特性的深入了解，将区块链技术应用于跨境支付领域逐渐成为研究热点（李言和郭建峰，2020）。在跨境支付服务商应用区块链技术的相关研究中，研究人员的关注点在于将区块链技术应用于跨境支付业务的可行性、优势及其监管问题等，具体研究进展如下：

2.1.3.1 区块链技术应用于跨境支付业务的可行性与业务方案

区块链技术应用于跨境支付业务的可行性论证，以及相关业务方案的研究包括：

IBM 公司（2018）介绍了基于区块链技术开发的实时转账结算系统，指出该系统有效降低结算时间，其 Worldwire 项目采用数字资产模型，通过数字资产的使用和交换实现近似实时的交易结算，同时该项目具有全天候运行、快速、低成本、高效率的特性。

江海峰（2018）分析了区块链技术的基本技术特性，指出区块链技术有望在低频交易、高信任要求、对账与中介成本较高的应用场景中首先落地。

赵增奎（2017）分析了电汇支付的交易流程，指出电汇支付中存在效率低、结算风险高的问题。从国际贸易中的流程入手，结合区块链技术，构建了基于区块链的跨境支付新模式。通过具体案例场景对区块链技术应用与跨境支付的流程和效益进行了分析。

李海微（2017）分析了区块链技术在移动数字汇票应用的可行性，介绍了 XY 银行的基于区块链技术的移动数字汇票平台，并进一步分析了基于区块链技术的票据平台的优势，指出运用区块链技术可以降低银行成本、提高企业信用、促进经济发展。

Mills 等（2016）对支付、清算、结算中的分布式账本技术应用进行了阐述，指出分布式账本技术可以推进支付系统的有效性和安全性，甚至可以从根本上改变现有的支付、清算与结算的活动方式以及金融机构和基础设施所扮演的角色，提高端对端的结算速度、数据可审计性、弹性和成本效率。在谈及分布式账本技术在跨境支付领域的潜在效用时，研究者指出分布式账本技术可以有效改善跨境支付中的缓慢、间接和昂贵的跨境支付结算问题，并进行了具体分析，如分布式账本技术具有的账本分享特性可以有效降低代理银行的数量，减少跨境支付的参与组织数量，进而降低成本，以及 Interledger 的开源协议可以保证交易在不同的账本之中流转并实现数字账本之间的联结（Thomas，Schwarts，2015；Hope-Bailie，Tomas，2016）。

2.1.3.2　区块链技术应用于跨境支付业务所具有的优势与存在的不足

区块链技术作为一种变革性的金融科技，对优化跨境支付业务流程、降低成本具有积极的意义。同时，区块链技术的匿名、去中心化也使现有的监管体系面临着巨大挑战。关于区块链在跨境支付业务场景的应用优势、存在的不足相关研究如下：

卢志强等（2018）指出，现有的银行电汇、专业汇款公司、国际信用卡公司和第三方支付等主要跨境支付模式存在耗时较长、费用高昂、资金占用多和安全性不足等问题。他分析了区块链技术在提升效率、降低成本、提高流动性、重构信用体系和扩展支付边界等方面的优势，并指出了当前区块链技术应用于跨境支付的现状和面临的约束条件。宋鹏杰（2018）分析了跨境电商支付中的主要问题，并介绍了2017年招商银行开展的区块链跨境支付应用情况，并以此为案例进行了分析，研究发现目前基于区块链的跨境支付依然处于起步阶段，并分析了进一步发展过程中所面临的问题，即传统理念与国家监管的限制，技术完善度较低，行业竞争的不确定性等。王娟娟和宋宝磊（2018）从理论和实证的角度对区块链技术在"一带一路"区域跨境支付中的应用进行了分析，指出从理论角度分析，以分布式记账、信息区块存储、加密技术等为核心的区块链技术可以有效弥补"一带一路"区域跨境支付领域的"短板"，并利用仿真模拟对区块链技术进入跨境支付领域后进行分析，分析结果显示，总体而言"一带一路"区域的跨境支付品质会提升，但是支付安全水平会下降。李洛浦（2018）分析了汇款、托收、信用证等传统贸易结算方式在时效性、成本等方面存在的问题，从理论角度分析区块链技术在贸易结算中应用的可行性，进一步深入分析了Ripple跨境结算，深入阐述区块链结算运作机制和业务流程，从实践操作角度展示了其在结算效率、结算费用、结算风险方面的比较优势。王旭（2017）认为，区块链技术具有的去中心化、去信用化、集体维护和可靠数据库等优势可以从根本上优化现代金融征信体系，降低金融风险，并从提高跨界电子商务交易真实性确保金融系统安全、简化支付流程降低管理和运营成本、优化现代金融征信体系降低信用风险三个方面论述了区块链金融对跨境电子商务支付模式的优化路径。

Adriano等（2017）对Ripple的转账支付系统进行了深入分析，指出其分布式系统构架相对于中心化系统具有的优势，同时也指出了现有的Ripple系统中验证节点存在中心化趋势，即只有少量的节点承担着整个交易系统的交易验证业务。研究者进一步对该交易系统的隐私性进行了检验，研究发现利用某用户的单次交易信息便可以在系统中搜索到该用户在系统中的全部交易信息。Marcel 等（2016）以 Ripple 为典型代表，分析了分布式转账支付系统的优势及便利性，但也同时指出了现有美国境内的监管政策以及措施并不适用于分布式支付系统。

Mainelli 等（2016）通过对一些访谈、会议研讨进行总结和梳理，指出将以区块链技术为代表的分布式账本技术应用于金融数据存储和传输过程中可以促进金融系统的可持续发展，并可以有效降低跨境支付服务商业务流程风险和运营成本，但同时指出对区块链等分布式技术的预期可能与企业内部以及企业之间业务协调的现实状况存在差距。

Rosner 和 Kang（2015）对 Ripple 数字货币的跨境支付解决方案进行了分析，指出 Ripple 是一种开源互联网软件，使用户能够像发送电子邮件一样，以多种货币跨国界进行付款。这种分散的互联网支付协议可以为低效的跨境支付系统提供改进。Frederik 等（2015）对 Ripple 系统进行了介绍，指出 Ripple 是一种基于信用网络的分布式支付系统，分析了其在支付安全性方面的改进，并对比了 Ripple 和 Bitcoin 的区别，在此基础上研究者也指出了其存在的安全风险隐患，并通过数学分析发现当验证者之间的验证数据集的交叉率超过 40%时，才能确保该系统的区块链不发生分叉。

2.1.3.3　区块链应用于跨境支付业务所面临的监管问题

焦茯岭（2018）对区块链应用于跨境支付面临的法律监管问题进行了分析，首先论述了区块链跨境支付对国家法律的挑战，指出基于区块链跨境支付对国家法定货币造成了冲击，削弱了国家对外汇的管制力度，为跨境洗钱带来便利，从而加大了反洗钱工作的难度，影响国际收支平衡和税收征管，对金融消费者权益保护造成影响。其次指出了区块链跨境支付对全球金融安全产生冲击的因素，即国际统一性的监管规则缺乏和各国监管法律的差异。Salami（2018）对虚拟货币用于恐怖主义融资的监管问题进行了研究，指出虚拟货币作为一项重要的金融科技技术可以为消费者带来巨大的便利，但是其匿名性以及跨国境流通性使其便于成为恐怖主义融资的渠道。在监管方面，虽然世界各国的金融监管制度处于不同的发展阶段，全球执法制度的稳健性不同，但是恐怖主义融资的威胁依然存在，而且很可能使恐怖主义融资转移到政权较弱的地区。这就需要对虚拟数字货币建立统一的监管标准，而标准取得积极有效作用的关键在于：采用全球 RegTech 标准对虚拟货币交易进行监管的速度、标准的强度以及采用标准的国家尤其是存在恐怖主义融资的高风险国家。

2.1.4 研究进展评述

通过上述相关文献回顾不难看出，对跨境支付的研究取得了丰硕的成果，显示出跨境支付作为学术热点受到了国内外研究者的广泛重视，彰显了开展跨境支付研究的学术意义。然而，深入梳理现有的研究成果不难发现，当前有关跨境支付的研究依然存在不足，具体则体现在以下三个方面：

第一，跨境支付市场结构方面。现有的研究成果对全球范围内以及我国境内的跨境支付市场的现状、发展新趋势进行了梳理和总结，对了解跨境支付市场的发展态势、业务模式以及存在的问题提供了文献支撑。然而，现有的研究多以现象归纳分析为主，缺乏对我国跨境支付市场结构的系统化分析。具体表现在缺乏对我国跨境支付市场以及市场结构的历史沿革的分析，以致当前支付机构被允许进入跨境支付领域时，对市场结构变化的研究不足。

第二，市场竞争策略方面。跨境支付业务市场竞争及发展策略受到了学者的广泛关注，现有研究采用案例分析法、SWOT 战略分析法等分析了跨境支付服务商的竞争策略和建议。相关研究成果对进一步开展跨境支付市场竞争策略的研究具有极大的借鉴意义。然而，现有的研究多为定性分析，未从不同类型跨境支付服务商分工与合作的视角对我国跨境支付服务商的竞争策略进行深入研究。

第三，区块链技术兴起背景下的跨境支付服务商竞争策略方面。通过梳理相关研究可以看出，区块链技术在跨境支付领域的应用价值已经成为学术界以及产业界的共识。然而，现有的研究尚未从微观层面对跨境支付服务商是否会采纳区块链技术进行分析。对采纳区块链技术的路径，即是否发行基于区块链技术的私人数字货币尚未进行讨论。此外，对跨境支付服务商，尤其是对跨境金融通信服务商和商业银行，采纳区块链技术的具体应用方案缺乏深入的探讨。

基于以上跨境支付市场结构与竞争策略相关研究中存在的问题，本书将在后续的研究中以国际收支经常项下的跨境支付市场结构和竞争策略问题为主线，以历史事件为线索，对我国跨境支付市场的市场结构进行系统化研究，分析商业银行、支付机构等跨境支付服务商的市场竞争策略，以及在区块链技术兴起背景下，跨境支付服务商在业务竞争活动中的区块链技术采纳策略和相关的具体应用方案。

2.2 基础理论及市场竞争模型

本书研究过程中涉及的基础理论主要包括市场结构理论、演化博弈论和区块链技术理论，涉及的市场竞争模型主要包括产业组织理论中的斯塔克尔伯格模型、霍特林模型、伯特兰模型、拟线性二次效用垄断竞争模型。

2.2.1 基础理论

2.2.1.1 市场结构理论

市场结构是指构成某一市场系统的各要素之间的内在联系方式及特征，主要包括买方之间的关系、卖方之间的关系、买卖双方之间的关系及市场上现有的买卖双方与正在进入的买卖双方之间的关系（傅瑜，2013）。市场结构核心在于点明市场中竞争与垄断的关系。

（1）传统经济学中的市场结构。在传统经济学中，从竞争程度或垄断程度上将市场结构类型划分为完全竞争、完全垄断、寡头垄断与垄断竞争（王志刚，2019）。

早在古希腊时期，亚里士多德便观察到了垄断利润的存在，指出垄断可以是政府所致，也可以是私人所致（这也是当代经济学研究市场势力以及市场进入问题时所涉及的政策壁垒与市场壁垒概念的起源），此时期，人们通过法律手段对垄断进行判决，并加以限制。古罗马时期的《查士丁尼法典》对禁止垄断、合并和有关价格的协议，则是历史上首部对垄断进行规制的法典。虽然其在当时的成效并不显著，但是对后世的影响却极为深远。从古罗马后期到工业革命之前，垄断极为盛行，垄断形式从市场的行会制度逐渐转变为宫廷赐予专营权。

工业革命催生了英国经济思想的进一步发展，人们对垄断与竞争的认识也发生改变。1776 年，亚当·斯密的《国富论》首次强调了经济自由主义的思想，认为竞争可以实现资源的自优化配置及福利最大化，将完全竞争视为最有效的市场机构。1921 年，奈特在《风险、不确定性和利润》中对完全竞争进行了完整阐述，并指出了完全竞争市场限制条件：完全信息、资源报酬率相等、商品可分性与商品同质性、不存在共谋（赵杰，2006）。

新古典经济学时期，马歇尔在《经济学原理》中将市场描述为完全竞争市场和完全垄断市场，并提出了著名的“马歇尔冲突”，即大规模经济与市场竞争之间的冲突。“马歇尔冲突”的提出点明了经济学者和政策制定者所关注的问题，即在保持市场竞争活力与充分利用规模经济之间如何取舍。

1933 年，张伯伦和琼·罗宾逊分别发表了《垄断竞争理论》和《不完全竞争经济学》，二者同时将问题聚焦于原有市场结构划分与现实世界经济现象的矛盾。张伯伦指出：“无论是完全竞争模型还是垄断模型似乎都与现实世界不相干，在现实世界里，企业相互竞争，但却生产不同产品。不仅理论假设不符合现实，其理论上的结论也与现实差别巨大。”他论述的实质便是实际的市场既非完全竞争也不是完全垄断，而是由于产品差异化生产造成的垄断与竞争的混合。因而，产品差异化便成为垄断竞争理论的核心。琼·罗宾逊将垄断竞争称为不完全竞争，该理论也承认市场中垄断与竞争并存，同时进一步分析了该市场结构下的企业需求特征、生产成本、短期和长期均衡、双边甚至多边企业的垄断问题。

垄断强度介于完全垄断与垄断竞争之间的市场结构为寡头垄断市场。一般而言，寡头垄断市场是指市场中只有很少的厂商竞争，其严格定义为，如果一个厂商市场行为的结果依赖于其他厂商的市场行为，其典型特征是厂商数量有限、市场中的产品同质或者差异性较大、厂商之间的行为相互影响（蒋殿春，2017）。

（2）新经济学中的市场结构。伴随着社会生产进入信息化时代，信息资源成为厂商不可或缺的生产要素。信息资源的特点使信息经济及网络经济结构与传统经济结构有所差异。对此，研究人员进行了深入探讨，并提出了竞争性垄断、单寡头竞争性垄断和分层垄断竞争等市场结构概念。

李怀和高良谋（2001）基于信息资源的特征，导出了技术市场的不相容定律，进而提出了竞争性垄断的市场结构概念。在竞争性垄断市场中，企业数量较少、企业采用区别定价且价格呈持续性下降趋势，技术创新能力是企业的核心竞争力。曹宝明和辛馨（2009）则进一步指出，网络经济下技术创新是市场结构由绝对垄断转化为竞争性垄断的根本原因。

傅瑜等（2014）基于互联网经济的本质，导出了技术进步与商业模式创新的市场不兼容定律，在不同厂商网络不兼容与平台开放策略的约束下，市场将呈现单寡头竞争性垄断的市场结构，并指出单寡头垄断结构不会妨碍竞争效率。

苏治等（2018）对互联网平台市场的结构进行了考察，提出了分层式垄断竞争的市场结构。他们认为互联网平台市场中竞争与垄断同时存在，处于领先位置的大型互联网平台类企业保持稳定，随着衍生业务中小型互联网平台企业的不断进入与退出，市场形成了垄断和竞争以分层形式共存的局面。

2.2.1.2 演化博弈论

博弈论作为一种经典研究范式和研究方法，其中重要性已经得到了充分的认可，并被广泛地应用于政治学、社会学、经济学、信息安全等多个学科领域。但传统博弈理论以行为主体的“完全理性”为出发点，使其对于经济和社会现象的解释力不强，其研究成果的现实意义受到了限制（宋彪等，2018）。演化博弈基于有限理性的假设，在研究过程中更加注重群体的动态调整，并通过寻求演化稳定均衡策略以替代传统的纳什均衡策略，其研究范式和研究思想弥补了传统博弈论的诸多不足，因此也受到了学术界的高度关注。

提出较为完整的演化博弈思想的研究成果最早可以追溯到约翰·纳什（殷辉，2014），其在阐述均衡策略的过程中，除采用理性主义的解释方式外，还采用了“大规模行动”的解释方法（Nash，1950），在后一种解释方法中，纳什指出均衡的实现并不一定要假设参与者对博弈结构拥有完美的信息结构和复杂的推理能力，只要假设参与者在决策时都能够从具有相对优势的各种策略中积累相关经验信息，也可以实现均衡，此后在博弈论学者的推动下，演化博弈的理论体系日益完善。演化博弈论中涉及关键概念主要包括：

（1）有限理性（Bounded Rationality）。有限理性是演化博弈论的基本假设。Schlag（1998）指出，有限理性认可参与博弈的行为主体是眼光短浅且只对初次接触的个体行为策略感兴趣，也没有利用先验概率选择收益最大化的能力，其在行为选择的过程中关注于通过不断改进行为反复试验的方式获取更多的收益。谢识予（2007）则认为，有限理性的假设意味着，参与博弈的行为个体并没有找到最优策略进而实现纳什均衡的能力，而是通过反复博弈中不断学习、模仿、试错，逐渐优化策略，因此有限理性的博弈均衡亦并非一次性选择的结果，而是在不断调整和改进中达到均衡，其所实现的均衡也有可能再次偏离。

（2）稳定演化策略（Evolutionarily Stable Strategy，ESS）。稳定演化策略最早由 Maynard 和 Price（1973）提出，随后 Maynard（1974，1982）给出了严格的数学定义。稳定演化策略的文字化阐释可以概括为：假设从一个大总体中重复随机选择某些人来进行两人对称博弈，并且假设开始的时候这个博弈中所有的人都天生地或者“被规定好了”要实施某个固定的纯策略或者混合策略。现在让一部分个体也同样被规定好了去实施另外某个固定的纯策略或者混合策略。若对于每个这样的变异策略都存在一个正的入侵壁垒，使实施变异策略的这部分个体如果不能越过该障碍则原有策略所获取的收益比变异策略高，那么就说原有的策略是演化稳定策略，该策略在严格的演化选择的压力下也是稳健的（乔根·W. 威布尔，2014）。

（3）复制者动态方程（Replicator Dynamics Function）。一般地，演化过程是两个基本要素的结合：一个是产生多样性的变异机制；另一个是偏向一些种类的选择机制。复制动态则是对群体选择机制的刻画，反映了连续时间的总体动态（Taylor 和 Jonker，1978），在研究过程中复制者动态往往被模型化为关于时间的常微分方程组（乔根·W. 威布尔，2014），这些反映复制者动态的常微分方程便被称为复制者动态方程。复制者动态方程是寻找群体演化稳定策略的重要路径，在 Maynard Smith 研究的基础上，Selten（1980）和 Friedman（1991）发展了多群体的对称和非对称情形下的复制者动态方程，并给出了运用雅克比矩阵判定演化稳定均衡策略的方法。

伴随着演化博弈论的不断发展和完善，其应用范围日益推广。国内在支付以及金融领域已经出现了一些相关研究。例如，盛鑫和陈长彬（2019）构建了考虑政府行为的物流企业与金融机构协同发展供应链金融业务的动态演化博弈模型，指出政府扶持政策有利于促进物流企业与金融机构协同演化向合作的方向演化；政府通过扶持政策希望促进产业发展，并从产业发展中获益，以建立良性的政企互动关系。王乐乐（2017）基于演化博弈论分析了微信运行商与银行协同营销的问题，研究表明，微信运营商与银行营销关系演化结果趋向于两种模式，但只有（协同，协同）营销策略才能使双方利益最大化。赵建雷（2014）基于演化博弈论分析了银行与房地产企业合作共赢信贷策略，并以青岛市城阳区为例进行了阐释。结果表明，银企双方均对高收益策略有模仿倾向，但房地产企业在与银行的长期合作中会对少数企业的违约行为具有抵御性；监管部门的外部力量与两类群体的内生力量相结合，对实现银企信贷稳定具有重要作用。

2.2.1.3 区块链技术理论

从信息技术视角分析，区块链技术并非一种独立的、全新的技术，而是通过将已有的技术重新组合而建立的一种具有分布式共识、信息公开透明、信息防篡改和时序性、可追溯特性的全新的技术体系。区块链技术主要涉及的信息技术包括密码学、共识机制、智能合约等技术（袁勇和王飞跃，2016，2020；朱建明等，2017）。

（1）区块链中的密码学。区块链技术中主要涉及的密码学技术包括哈希函数加密、非对称加密。

哈希函数也称散列函数、HASH 函数和杂凑函数等，是一种典型的单向密码体制，只有加密过程，而不能解密。典型的哈希算法主要包括 MD 系列算法和

SHA 系列算法。MD 系列算法主要包括 MD 算法、MD2 算法、MD3 算法、MD4 算法和 MD5 算法，其基本特征是通过加密计算最终都将产生一个 128 位的信息摘要。SHA 系列算法在 MD4 算法和 MD5 算法基础上进行了改进，使其具有更高的安全性，现阶段主要的 SHA 算法包括 SHA-1、SHA-224、SHA-256、SHA-384 和 SHA-512。主流的区块链项目所采用的哈希算法为 SHA-256 和 SHA-512。哈希函数在区块链技术体系中主要被应用于区块之间的联结和数据防篡改。哈希函数可以将任何有限长度的信息转化为具有固定长度的信息摘要，利用该特性可以实现区块链中前后区块之间的联结。哈希函数具有抗弱碰撞性，因此任何有限长度信息所生成的信息摘要都具有唯一性，利用该特性可以有效防止数据被篡改。

非对称加密技术是为解决传统对称加密技术在密钥分配、密钥管理和难以实现不可否认等方面存在的问题而提出的一种新的加密技术。该技术的基本原理为：首先，信息发送者在信息发送前获取接收者发布的加密密钥，该密钥为公开密钥；其次，信息发送者利用公钥对信息进行加密，并将加密后的密文发送给接收方；再次，接收方利用解密密钥对密文解密，进而获取明文消息，其中密文解密密钥为接收方所有，并不公开，因此也被称为私钥；最后，非对称加密密钥在区块链技术体系中主要被应用于信息传输和用户登录、认证，在现阶段主流的区块链项目中，主要有 RSA、Elganal、Rabin、D-H、ECC 等。在区块链技术体系中，非对称加密密钥中的公钥一般生成访问接收信息方的访问地址，私钥用于登录和认证。

（2）共识机制。由于区块链中并没有中心节点，因此如何实现各个节点之间数据的一致性，成为区块链技术体系需要解决的重要问题。现阶段，主要的区块链项目采用的分布式共识机制主要包括工作量证明（Proof of Work，POW）机制、权益证明（Proof of Stake，POS）机制、授权股权证明（Delegated Proof of Stake，DPOS）机制、实用拜占庭容错算法（Practical Byzantine Fault Tolerance，PBFT）机制。

POW 机制最初被用于解决垃圾邮件问题，2008 年，中本聪将其引入比特币中，用于解决分布式系统的共识问题。在POW共识机制中，每个节点基于自身算力竞争记账权，最先求解得到复杂但易于验证的SHA256计算难题的节点便获得记账权，并获取相应的经济奖励，因此计算SHA256的解，也被称为“挖矿”。POW机制将共识机制和经济激励相结合，激励更多节点参与挖矿，虽有助于增强系统的安全性，但同时也牺牲了系统的整体性能，因此目前基于POW共识机制的区块链项目的性能都比较低，如比特币的吐出量只有7TPS，而以太坊在前期采用POW共识机制时只有20~30TPS。POW共识机制以求解毫无意义的随机数作为标准，导致了大量的计算资源和电力资源的浪费。在POW共识机制下，掌握算力多的节点，在“挖矿”时具有优势，因此也易造成区块链去中心化之后的“再中心化”。

POS共识机制最早在Peercoin系统中被实现，类似于现实生活中的股东机制，其原理是通过保证金（代币、资产等具有价值属性的物品）对赌一个合法的区块成为新的区块，收益为抵押资本的利息和交易服务费，提供证明的保证金越多，则获得记账权的概率就越大，合法记账者获取的收益则越多。以太坊在进入“宁静期”之后，开始引入基于POS的Casper共识机制，该共识机制在POS机制的基础上引入了惩罚机制，以促使矿工保持诚信。DPOS是POS机制的变种共识机制，在该机制中，每一个股东可以将其投票权授予一名代表，获得票数最多的前100名代表按既定的时间表轮流产生区块，所有代表将收到等同于平均水平的区块所含交易费的10%作为报酬。

PBFT共识机制脱胎于BFT共识机制，是为了解决原始BFT共识机制算法复杂、效率低的问题而产生的新的共识算法。区块链中的PBFT算法可容忍1/3的恶意节点，当正常节点超过2/3时，就可以确保区块链节点的数据一致性和安全性。其基本流程如下：第一，全网选取一个节点作为主节点，主节点负责建立区块；第二，主节点收集全网中交易信息并进行排序，并将生成的排序列表广播到全网；第三，每个节点收到主节点的排序列表之后对交易结果进行模拟执行交易，所有交易执行完成后，基于交易结果计算新的区块哈希值，并将交易结果向全网广播；第四，如果节点收到全网2/3节点的信息与自己执行结果是相同的，则向全网广播一条确认信息；第五，主节点收集全网的确认信息，待收到的确认信息超过全网 2/3 之后开始构建区块，并向全网广播区块链的最新动态。由于 PBFT 需要较高的可信执行环境，因此 PBFT 共识算法一般应用于联盟链中。

（3）智能合约。区块链智能合约中的“智能”更接近于“自动”的概念，而非“智慧化”，同时“合约”也并非法律意义上的合约，而是计算机代码。因此，区块链中的智能合约更加确切的含义是在区块链环境下可以自动执行的代码。

智能合约被认为是区块链 2.0 的突出特征。现阶段，支持智能合约的区块链平台包括以太坊和 Hyperledger Fabric 等。智能合约的基本运行机制是：首先，参与用户共同制定智能合约，并将通过加盖数字签名的智能合约发送到区块链中；其次，智能合约被部署于区块链上，在以太坊中智能合约被存放于虚拟机中，而 Hyperledger Fabric 则将智能合约打包为 Docker 镜像，每个节点基于该 Docker 生成一个新的 Docker 容器；最后，根据智能合约设置的触发条件，触发智能合约。区块链中智能合约可以在全网无中心节点的情况下，在全网运行相同的计算机代码，其运行结果具有全网一致性，任何节点都无法改变运行结果。

（4）区块数据结构。数据区块是区块链的数据基础，用于存储区块链的具体数据信息。数据区块的联结拓扑结构主要包括时序性的链式联结结构和基于有向无环图结构的 DAG 结构（于戈等，2021）。区块链的数据区块主要包括区块头和区块体，其中，区块头主要封装的是当前区块头哈希值、前置区块头哈希值、版本号、Merkle 根、时间戳，当前区块头哈希值是对节点进行验证之后的区块利用 Hash 算法计算得到的函数值，前置区块头哈希值为父区块的哈希值，版本号为整个区块链系统的版本编号，Merkel 根则是对区块体中的数据进行 Merkel 计算后得到的，时间戳为经过验证节点共同验证后的时间。区块体主要封装的是交易事项。图 2-2 为基于链式联结方式的区块链区块数据结构。

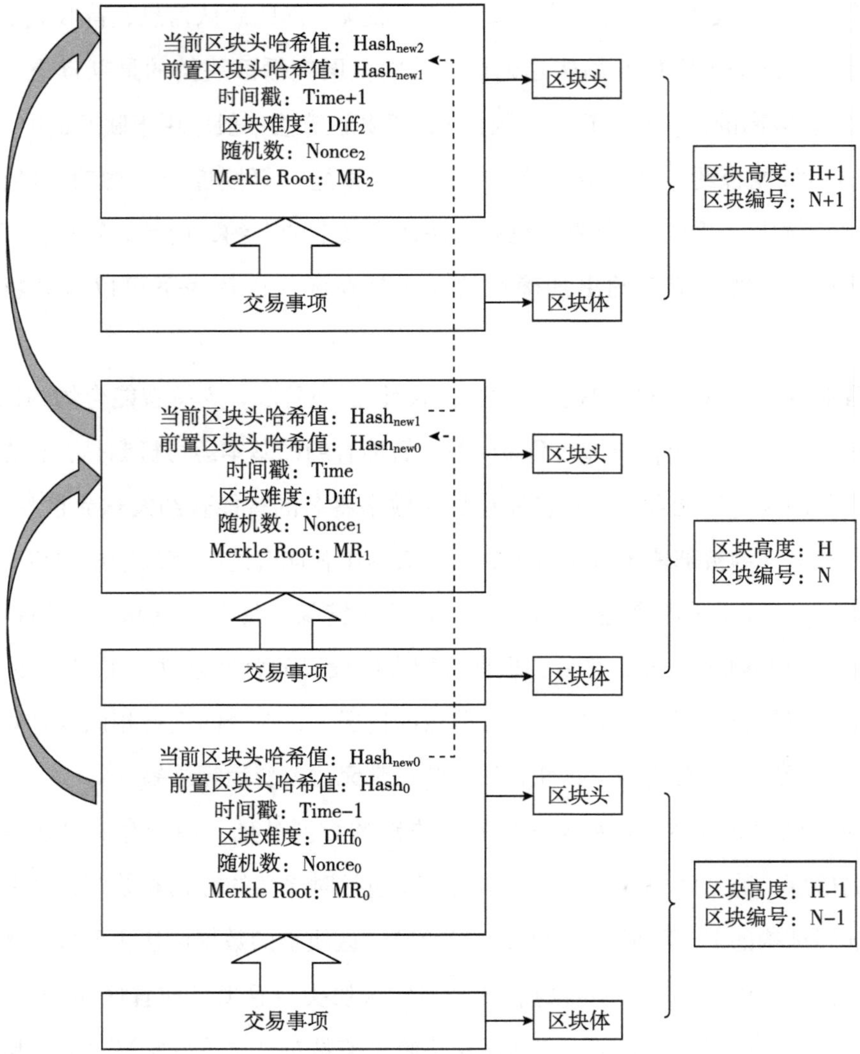

图 2-2　基于链式联结方式的区块链区块数据结构①

资料来源：笔者绘制。

① 丁庆洋，朱建明．区块链视角下的 B2C 电商平台产品信息追溯和防伪模型［J］．中国流通经济，2017（12）：41-49.

2.2.2 市场竞争模型

为了研究在特定市场结构环境下企业的策略问题，研究人员提出了诸多模型。考虑到本书的主要研究内容，将着重介绍斯塔克尔伯格模型、霍特林模型、伯特兰模型、拟线性二次效用垄断竞争模型。

2.2.2.1 斯塔克尔伯格模型

斯塔克尔伯格模型与古诺模型都是以产量作为战略选择变量的寡占市场竞争模型，不同的是古诺模型描述的是竞争者同时采取行动的情形，所描述的市场均衡是一种静态的纳什均衡，而斯塔克尔伯格模型则描述的是厂商有时间顺序地采取策略的情形，所描述的市场均衡是一种动态博弈的子博弈纳什均衡。

具体而言，在斯塔克尔伯格模型中，市场中某个寡头（领头厂商 1）先宣布自己的产量（x_1），另一个厂商（尾随厂商 2）再确定自己的产量（x_2）。市场反需求函数是 $P=P(x)$，$P(x)$连续可微，且 $P'(x)<0$。采用逆推法求解市场均衡。

首先，考虑厂商 2 在第二阶段的最优战略。在第二阶段中，假定厂商 1 在第一阶段确定了一个产量 x_1，厂商 2 的利润最大化目标函数则为：

$$\pi_2=\max[x_2P(x_1+x_2)-c_2(x_2)]$$

其最大化的一阶必要条件是：

$$P(X)+P'(X)x_2-c_2{}'(x_2)=0 \tag{2-1}$$

其中，$X=x_1+x_2$。将其显函数形式解出 $x_2=Q(x_1)$，这个反应函数揭示了厂商 2 在对手的任一产量 x_1 下的最佳应对战略。

其次，考虑厂商 1 在第一阶段的战略。如果厂商 1 是理性的，它会预见到自己的产量决策 x_1 将引致对方生产 $x_2=Q(x_1)$，所以，厂商 1 的利润最大化目标函数则可以表示为：

$$\pi_1=\max[x_1P(x_1+Q(x_1)-c_1(x_1)]$$

其在最大值点满足的一阶必要条件是：

$$P(X)+x_1P'(X)[1+Q'(x_1)]-c_1{}'(x_1)=0 \tag{2-2}$$

联立方程（2-1）和方程（2-2）即可得斯塔克尔伯格均衡（x_1^*，x_2^*）。

2.2.2.2　霍特林模型

基础的霍特林模型以产品差异化为着手点刻画了具有产品差异化的市场主体竞争问题，其模型的基本思想则是通过设置消费者购买的距离成本，反映产品的差异化。

该模型具体内容如下：

在一个长度为1的线性城市空间内，消费者均匀地分布在[0，1]区间内，且密度为1，假定存在两个商店，分别位于城市的两端，商店1在$x=0$、商店2在$x=1$时出售物质性能相同的产品，销售的单位成本为c，价格分别为p_1和p_2，单位距离成本为t，则位置为x的消费者购买商店1的商品的运输成本为tx，购买商店2的商品的运输成本为$t(1-x)$，进一步地假设消费者购买两个商店的产品无差异，因而有$p_1+tx=p_2+t(1-x)$，求解上式得到两个商店的需求函数分别为：

$$D_1(p_1, p_2)=x=\frac{p_2-p_1+t}{2t}$$

$$D_2(p_1, p_2)=1-x=\frac{p_1-p_2+t}{2t}$$

利润函数为：

$$\pi_1(p_1, p_2)=(p_1-c)D_1=(p_1-c)\frac{p_2-p_1+t}{2t}$$

$$\pi_2(p_1, p_2)=(p_2-c)D_2=(p_2-c)\frac{p_1-p_2+t}{2t}$$

商店i选择自己的价格p_i最大化利润π，对价格p进行一阶求导则有：

$$\frac{\partial\pi_1}{\partial p_1}=p_2+c+t-2p_1=0$$

$$\frac{\partial\pi_2}{\partial p_2}=p_1+c+t-2p_2=0$$

求解均衡价格和利润函数则有：

$$p_1^*=p_2^*=c+t$$

$$\pi_1=\pi_2=\frac{t}{2}$$

在霍特林模型的基础上，研究人员通过改变模型的基础条件对基本的霍特林模型进行了改变，如 Salop(1979)提出了“圆环模型”，顾峰等(2002)构建了一个消费者不均匀分布的产品差异模型，韦铁(2013)进一步考虑了“选址成本”对企业产品差异化战略的影响等。

2.2.2.3 伯特兰模型

伯特兰(Bertrand)于 1883 年提出了一种寡头企业基于价格的竞争模型。该模型具体为：在有 n 个厂商，总需求函数为 $X=X(p)$ 的同质产品市场上，将各个厂商的定价表示为价格向量即 $p=(p_1, \cdots, p_n)$，其竞争行为意味着每一个厂商 i 都面对一个不连续的需求函数：

$$X_i(p)=\begin{cases} X(p_i) & p_i<p_j \\ \dfrac{X(p_i)}{k} & p_i=p_j \\ 0 & p_i>p_j \end{cases}$$

其中，k 是厂商的数量。若厂商的定价比其他所有对手的价格都低，则意味着其将获得全部市场；若与其他企业共同制定市场最低价，则将与其他企业共享市场；若其定价高于其他任何厂家的价格，则将无法获得任意的市场份额。

假设各个厂商的边际成本为常值且相同，设为 c。在此情况下的伯特兰均衡则为 $p_i^*=c$。这是因为，任意高于边际成本 c 的价格 p'_i 都不可能是均衡价格，具体而言，任何厂商在其他厂商定价 p'_i 时都可以以一个略微低于 p'_i 的价格获得整个市场；任意低于边际成本的价格 p_i'' 都不能是均衡价格，具体而言，价格 p_i'' 会使每个厂商都亏损，而任何一个厂商在其他厂商选定 p_i'' 时都可以找到一个高于 p_i'' 的定价将亏损损失降为零(此时的产量为零)。此时，通过这一模型我们可以得到两个结论：第一，企业按照边际成本定价；第二，企业没有利润。这与完全竞争市场均衡的结论一致，说明在考虑价格竞争策略时，即使只有两家企业的垄断也足以实现竞争，这与通常情况下所认为的如果行业中只存在几个企业，将通过操纵市场价格获取利润产生矛盾，因而也被称为“伯特兰悖论”。

事实上，放松关于厂商边际成本无差异的假设，其结论依然成立，只是垄断厂商的均衡价格不再是各自的边际成本而是竞争者的边际成本。

进一步放开关于产品同质的假设，讨论存在产品差异化的伯特兰模型。为便于分析，本书介绍的假设市场中只存在两个厂商。假设厂商的市场需求量分别为：

$$x_1=\alpha_1-\beta_1 p_1+\gamma p_2$$

$$x_2=\alpha_2-\beta_2 p_2+\gamma p_1$$

其中，α、β、γ 均大于0，γp_i 表示竞争者产品差异化对厂商产品需求量的影响。其中 γ 为正，则刻画了市场中替代产品的价格对厂商市场需求量的影响，即替代产品的价格越高则该产品的市场需求量越大，这与经典的产品理论相契合。进一步地，厂商面临的市场利润函数则为：

$$\pi_i=(p_1-c_i)x_i(p_1,\ p_2)$$

其中，c_i 表示厂商的单位成本，这里假设产品的单位成本为零。则利润最大化满足的一阶条件为：

$$\frac{\partial \pi_i}{\partial p_i}=x_i(p_1,\ p_2)+(p_1-c_i)\frac{\partial \pi_i}{\partial p_i}=0$$

将其代入产品的市场需求函数中，可以得到不同厂商的价格关系恒等式，将二者联立则可以进一步求解出厂商在伯特兰竞争中的均衡价格（p_1^*，p_2^*）。

2.2.2.4 拟线性二次效用垄断竞争模型

自垄断竞争理论提出以来，该理论受到了学者的广泛关注，取得了丰硕的研究结果，然而，从张伯伦的局部均衡分析到特里芬为代表的一般均衡分析，都局限于采用静态分析，同时该理论也尚未提出标准化的模型，且在分析过程中难以量化。20世纪70年代以后，以斯彭思、迪克希特和斯蒂格利茨为代表的研究人员对垄断竞争理论进行了进一步的发展，其中最著名的垄断竞争模型则是D-S模型（Dixit and Stiglitz，1977）。该模型是一个收益递增的垄断竞争模型，并以固定替代效应（Constant Substitution Effect，CES）函数作为分析工具，为开展垄断竞争理论的研究提供一个可参考的标准化的分析范式，然而遗憾的是，采用不变替代弹性以及相同的产品交叉多样性缺乏对个人偏好的描述，难以刻画出微观层面消费者的个性化需求在垄断竞争市场中的影响机制。基于此，后续研究人员不断寻求新的垄断竞争模型以期实现对垄断竞争模型进行改进（Kimball，1995；Vives，1999；Ottaviano et al.，1999；Behrens et al.，2007；Bertoletti et al.，2016；Arkolakis et al.，2015；Bibiies et al.，2012）。在后续的改进模型中，研究人员沿着两个方向进行改进：一是在消费者需求层面，力求用更为合适的方法刻画消费者对多样性的偏爱（Benassy，1996；Ottaviano and Thisse，1999）；二是在产品之间的替代性层面，力求用可变替代函数代替不变替代函数（Zhelobodko et al.，2012；Dhingra et al.，2019）。采用可变替代函数代替不变替代函数又多以刻画消费者多样偏爱为基础，因此刻画消费多样性偏爱也成为垄断竞争模型进一步发展的基石。其中，利用拟线性二次效用函数对消费者的多样性偏好进行刻画是一种较为典型且易于理解的刻画方式，而 Ottaviano 和 Thisses（1999）提出的基于拟线性二次效用函数的垄断竞争则具有较强的代表性（周浩、朱卫平，2009）。基本的模型如下：

（1）基本假设。①消费者需求偏好的拟凸性。②每个厂商只生产一种产品，同时各种产品之间具有可替代性。③厂商决策时并不考虑其他厂商的反应策略。④长期中市场的均衡利润为零，这一点与完全竞争市场类似。

（2）消费者需求函数。

$$U=\alpha\int_0^N q_i d_i-\frac{\beta}{2}\int_0^N (q_i)^2 d_i-\gamma\int_0^N\int_0^N q_i q_j d_i d_j+q_0,\ 1>a>0,\ \beta\geqslant\gamma>0 \tag{2-3}$$

其中，U 为消费者的效用函数，q_i 为不同种类产品的数量，其中 $i\in[0, N]$，q_0代表基准产品，即该产品不能为其他产品所替代，α 为消费者对产品多样性的偏好程度，β 为代表性的消费者偏向于某一特定种类产品的喜爱程度，γ 为两种产品的替代程度，事实上，当给定 β 后，γ 的值越大则表示两种产品之间的可替代性越强。

（3）消费者预算约束。假定消费者收入和财富为 M，可以进一步得到消费者的预算约束线：

$$\int_0^N p_i q_i d_i+q_0=M \tag{2-4}$$

消费者的效用最大化的求解可以转化为：

$$\max_q(U)=a\int_0^N q_i d_i-\frac{\beta}{2}\int_0^N (q_i)^2 d_i-\gamma\int_0^N\int_0^N q_i q_j d_i d_j+q_0 \tag{2-5}$$

$$s.t\quad \int_0^N p_i q_i d_i+q_0=M$$

将式(2-4)代入式(2-5)并对 q_i 求一阶导数可以得到：

$$\alpha-\beta q_i-\gamma Q=p_i \tag{2-6}$$

其中，$Q=\int_0^N q_j d_i$，表示整个市场中的不同产品的总产出。同时式(2-6)则表示单个厂商所面临的市场均衡，也就是张伯伦在《垄断竞争理论》中提及的 dd 曲线。与 $D-S$ 模型中不同的是，该曲线的产品弹性是可变的。

(4)代表性厂商的利润函数。设代表性厂商的利润函数为：

$$\pi(i)=p(i)q(i)-F \tag{2-7}$$

其中，$\pi(i)$为利润，$p(i)$为代表性厂商的产品价格，$q(i)$为代表性厂商的产品数量，F 为固定成本。在该函数中隐含的基本假设包括：①每个厂商只生产一种产品；②代表性厂商的可变边际成本为零，并只考虑固定成本。

(5)市场均衡。由于代表性厂商在市场中面临的市场需求曲线为式(2-6)，相应的市场均衡问题也就转化成了代表性厂商在既定的市场需求条件下实现利润最大化的问题，其形式化的表达方式如下：

$$\max \pi(i)=p(i)q(i)-F$$

$$s.t\quad \alpha-\beta q_i-\gamma Q=p_i$$

采用拉格朗日一阶最优化求解方法，可以得出代表性厂商实现利润最大化时的市场均衡的产量为：

$$q=\frac{\alpha}{2\beta+\gamma N}$$

将其代入式(2-6)中则可以得到市场均衡的价格：

$$p=\frac{\alpha\beta}{2\beta+\gamma N}$$

进一步地，利用市场整体均衡时厂商获得的均衡利润为零，则可以进一步得到市场均衡的产品数量：

$$N=\frac{\alpha\sqrt{\beta/F-2\beta}}{\gamma}$$

在此基础上，Ottaviano 和 Thisses 又研究了市场第一最优条件下和次优条件下的市场均衡价格、产量和产品种类。再进一步地，通过放开限制条件，Ottaviano 和 Thisses 研究了当市场中的厂商生产多种产品时，市场均衡的相关情况。

2.3　本章小结

本章主要对跨境支付市场、跨境支付服务商的市场竞争策略以及区块链技术在跨境支付领域的应用等相关研究文献进行了梳理，并指出了相关研究对跨境支付市场结构与竞争策略研究的借鉴意义以及研究中存在的不足。介绍了相关的市场结构理论、市场竞争模型、演化博弈论以及区块链技术等基础理论。

3　我国跨境支付市场结构分析

跨境支付随着跨境贸易产生，可以追溯到的最早的跨境支付记录为公元前3000年左右的美索不达米亚文明地区与印度河流域的哈帕文明之间的跨境贸易支付记录。在以后的人类发展进程中，社会分工的专业化趋势日益加强，使跨境支付逐渐由国际经济往来的附带环节演化为一个相对独立和完整的产业。然而，现有研究尚未对我国跨境支付市场结构进行系统的研究。首先，本章将介绍跨境支付以及跨境支付市场等相关概念，以及确定本书的研究对象和研究范围，回顾和梳理我国跨境支付市场的发展历程和市场结构的演变进程。其次，重点研究现阶段我国跨境支付市场的市场结构，提出有限垄断竞争市场的新论断，并分析有限垄断竞争市场的形成机制。最后，基于跨境支付服务商的平台属性，采用霍特林模型对有限垄断竞争的跨境支付市场的定价差异、用户黏性及网络外部性等因素进行分析。

3.1　跨境支付市场及跨境支付服务商概述

3.1.1　跨境支付

当前，跨境支付的定义尚未完全统一。本书梳理了相关学者提及的跨境支付定义（帅青红，2016；翁东玲，2018）认为，跨境支付是指处于不同国家或地区的付款人和收款人借助一定的结算工具和支付系统，为实现因国际贸易、国际投融资以及其他方面的所发生的债权、债务关系的清算或资金单方面转移进行的资金跨国或跨地区转移行为。跨境支付的核心在于实现资金的跨国境转移，主要包括资金的跨境收付以及资金的清算与结算。

在分析过程中，国内研究人员一般会根据从事跨境支付业务主体的性质，将跨境支付划分为银行国际结算业务和支付机构业务，进而人为地将商业银行国际结算业务市场与支付机构跨境支付业务市场割裂。但商业银行国际结算业务和支付机构跨境支付业务的跨境支付业务机理具有相似之处，跨境支付服务商提供的服务最终都以代理用户实现资金的跨境收付为目的（Gaurav et al.，2018；Bank for International Settlements，2018）。因此，本书所指的跨境支付包含商业银行跨境支付服务，即国际结算业务，以及支付机构的跨境支付业务。

进一步地，根据产生跨境支付活动债权债务的性质，又可以将跨境支付划分为国际收支经常项下的跨境支付活动和国际收支资本项下的跨境支付活动。其中，国际收支经常项是指国际贸易和非贸易中经常发生的项目，主要包括贸易收支、劳务收支和单方面转移等。而国际收支经常项下的跨境支付活动主要源于企业跨国境采购原材料、销售商品、跨境汇款、消费者通过线上或线下跨境采购商品。考虑到，国际收支经常项下的跨境支付行为具有的高频性和受众广泛性，本书后续研究中提及的跨境支付为国际收支经常项下的跨境支付（见图 3-1）。根据市场主体的性质进行细分，本书所指的跨境支付业务为商业银行国际收支经常项下的国际结算业务和支付机构跨境支付业务。其中，根据国家外汇管理局发布的相关政策文件，支付机构跨境支付业务主要是指支付机构外汇业务。

3.1.2 跨境支付市场与跨境支付服务商

3.1.2.1 跨境支付市场及业务分类

跨境支付市场是指为具有跨境资金支付、清算和结算需求的用户，提供跨境支付服务以获取相应收益的跨境支付服务商组成的市场。在经济全球化不断加深

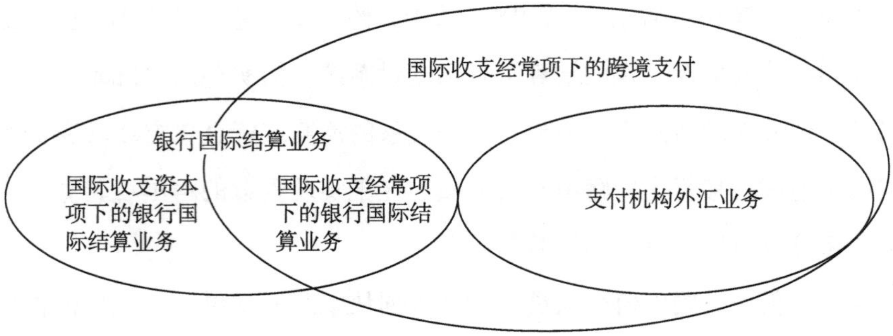

图 3-1　本书所指的跨境支付与传统银行国际结算、支付机构跨境支付的关系

资料来源：笔者绘制。

的背景下，各个国家之间的跨境贸易规模不断扩大，国际间的人员交流日益密切，跨境支付的市场规模也不断增加。麦肯锡发布的《2019 全球支付行业报告》显示，2018 年全球跨境支付业务规模超过 22 万亿美元，跨境支付市场的业务收入达到 2300 亿美元，比 2017 年增长了 4%，与此同时，中国的跨境支付市场依然保持着良好的增长势头。

产业界以及学术界通常根据资金收付双方的性质将跨境支付业务划分为九种（见表 3-1），即个人对个人业务（P2P）、个人对企业业务（P2B）、个人对政府部门业务（P2G）、企业对个人业务（B2P）、企业对企业业务（B2B）、企业对政府部门业务（B2G）、政府部门对个人业务（G2P）、政府部门对企业业务（G2B）、政府部门对政府部门业务（G2G）。表 3-2 展示了 2017 年全球跨境支付前端业务中 P2P、P2B、B2P 以及 B2B 四种业务类型的三种收益方式的收益额及收益占比情况。

表 3-1　跨境支付类型

收款人 付款人	个人	企业	政府部门
个人	P2P	P2B	P2G
企业	B2P	B2B	B2G
政府部门	G2P	G2B	G2G

资料来源：根据公开数据整理。

表 3-2 四种跨境支付业务类型的业务总量及收益额的统计性描述

跨境支付业务类型	业务量（万亿美元）	业务比重（%）	跨境支付收入渠道	跨境支付收入额（亿美元）	收益占比（%）	不同类型的跨境支付业务收益率（%）
P2P	0.4	0.32	外汇收益	120	5.38	6
			费用收益	140	6.28	
P2B	1.5	1.18	外汇收益	240	10.76	3.50
			费用收益	300	13.45	
B2P	1	0.79	外汇收益	70	3.14	1.50
			费用收益	90	4.04	
B2B	124	97.71	贸易融资	210	9.42	0.10
			外汇收益	500	22.42	
			费用收益	560	25.11	
业务总额	126.9	100	收入总额	2230	100	—

资料来源：根据麦肯锡《2018 全球支付行业报告》整理。

3.1.2.2 我国跨境支付服务商及其业务

现阶段，我国跨境支付市场中涉及服务商主要包括商业银行和支付机构。

（1）商业银行。在我国跨境支付的前端市场中，商业银行占据了市场的绝大部分份额。由于跨境支付的过程中往往涉及不同国家的货币兑换，因此在我国境内获得外汇经营许可资质的银行才可以开展涉及外汇的跨境支付业务，但是，我国目前尚未对商业银行开展人民币跨境支付业务的资质进行明确限制。截至 2019 年底，我国境内可以从事结售汇业务的商业银行有 496 家，如表 3-3 所示。

表 3-3 我国境内具有结售汇资格的商业银行

商业银行性质	数量
国有大型商业银行	6
股份制银行	12
城商行	101
农商行	219
村镇银行	3

续表

商业银行性质	数量
民营银行	2
农村信用合作社	7
外资、港澳台及中外合资银行	146

资料来源：中国人民银行。

在国际收支经常项下，商业银行国际结算业务包括为企事业单位提供国际间贸易资金的结算与清算、为具有跨境资金收付需求的个人提供跨境汇款等服务。现阶段，我国境内为用户提供跨境支付服务的商业银行，由于在机构规模等方面存在差异，其国际结算的业务类型也有所差异。进一步，本书以中国银行为例介绍我国商业银行的基本跨境支付服务。中国银行不仅是我国从事国际业务最早的机构，也是现阶段我国国际结算业务市场份额占有率最高的银行，其跨境支付业务具有较强的代表性和先进性。中国银行的跨境支付服务按照服务对象不同可以划分为公司金融和个人金融服务（见表 3-4）。

表 3-4　中国银行跨境支付业务类型及具体服务项目

服务类别	具体服务项目
对公业务	汇出汇款
	汇入汇款
	信用证开立
	信用证通知
	信用证保兑
	信用证审单/议付
	进口代收
	光票托收
	出口跟单托收
	进口信用证

续表

服务类别	具体服务项目
个人业务	开户见证服务
	代理海外开户见证
	快速汇款服务
	个人结售汇
	汇出境外汇款
	境外汇入汇款
	同城外币转账
	预结汇汇款
	光票托收
	旅行支票
	外币汇兑

资料来源：中国银行官方网站。

伴随着跨境电子商务以及支付机构跨境支付业务的兴起，商业银行在开展传统的国际结算业务外还开展为支付机构提供资金汇兑、跨境资金清算与结算的业务。

（2）支付机构。现阶段，我国境内的非银行支付机构主要包括传统的国际汇款公司、境外互联网支付机构和境内互联网支付机构（见表3-5）。

表3-5　现阶段我国境内非银行跨境支付前端跨境支付服务商

国别	一级分类标准	类别	支付机构示例
传统的国际汇款公司	是否具有我国支付业务许可证	不具有我国支付业务牌照	Paypal、速汇金、Wordfrist
		具有我国支付业务牌照	暂无
境内互联网支付机构	是否具有境内支付业务许可证	具有支付业务牌照	支付宝、财付通、银联等
		不具有支付业务牌照	Pingpong、金融壹账通等

资料来源：根据公开资料整理。

其中，传统的国际汇款公司、境外互联网支付机构和境内未取得支付业务牌照的支付服务机构由于尚未取得我国相应的支付牌照，其在经营的过程中往往不再提供直接面向消费者的跨境支付服务，而是凭靠自身在境外具有的广泛的支付网络，为我国境内的支付机构提供跨境支付服务，属于我国境内跨境支付服务商的业务支撑体系，因此本书不再重点考虑。

2013 年，中国人民银行及其下属的国家外汇管理局正式开启了支付机构开展跨境支付业务的试点工作，并发放了 17 张跨境支付牌照。此后，试点范围不断扩展，截至 2019 年 3 月底，我国境内取得跨境支付业务经营资质的支付机构共计 30 家（见表 3-6）。

表 3-6　我国境内具有跨境支付业务资质的支付机构

支付机构名称	简称	支付机构名称	简称
支付宝（中国）网络技术有限公司	支付宝	重庆市钱宝科技服务有限公司	钱宝科技
财付通支付科技有限公司	财付通	智付电子支付有限公司	智付科技
银联商务有限公司	银联商务	迅付信息科技有限公司	环迅支付
网银在线（北京）科技有限公司	网银在线	通联支付网络服务有限公司	通联支付
网易宝有限公司	网易宝	上海盛付通电子支付有限公司	盛付通
南京苏宁易付宝网络科技有限公司	苏宁易支付	易宝支付有限公司	易宝支付
浙江贝付科技有限公司	贝付	上海富友支付服务有限公司	富有支付
北京银联商务有限公司	北京银联商务	重庆易极支付科技有限公司	易极支付
海南新生信息技术有限公司	新生支付	北京爱农驿站科技服务有限公司	爱农驿站
上海汇付数据服务有限公司	汇付天下	东方电子支付有限公司	东方支付
联动优势电子商务有限公司	联动优势	银盈通支付有限公司	银盈通
快钱支付清算信息有限公司	快钱	成都摩宝网络科技有限公司	摩宝支付
连连银通电子支付有限公司	连连支付	北京首信易支付科技有限公司	首信易支付
宝付网络科技（上海）有限公司	宝付	北京钱袋宝支付有限公司	钱袋宝
拉卡拉支付股份有限公司	拉卡拉	资和信网络支付有限公司	资和信

资料来源：根据公开数据整理，数据截止日期：2019 年 4 月。

按照我国相关管理部门发布的一系列办法、指引以及通知文件的规定，支付机构开展的跨境支付业务主要服务于跨境电子商务的业务场景，其业务范围则涵盖了跨境电子商务交易中的货物贸易、留学教育、航空机票、酒店住宿、国际运输、旅游服务、国际展览、国际会议、软件服务、通信服务等领域，其中货物贸易、留学交易、航空机票、酒店住宿业务占据了支付机构跨境支付业务的 80%以上。如图 3-2 所示。

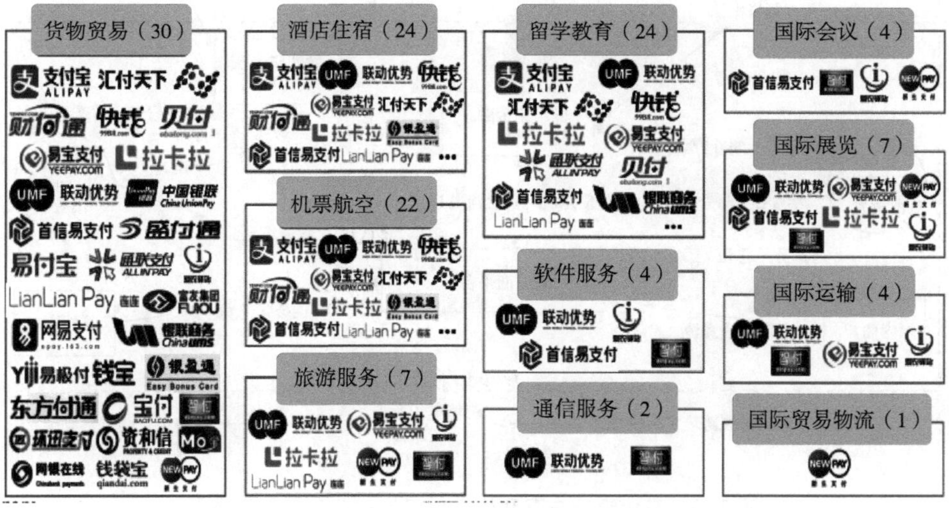

图 3-2　我国境内支付机构跨境支付业务范围示意图

资料来源：易宝研究院。

（3）我国商业银行跨境支付业务与支付机构跨境支付业务的关联。在我国现有的跨境支付业务体系中，商业银行与支付机构跨境支付业务存在极强的业务关联关系。图 3-3 展示了现阶段我国跨境支付市场中商业银行与支付机构在跨境支付业务之中的关联性。

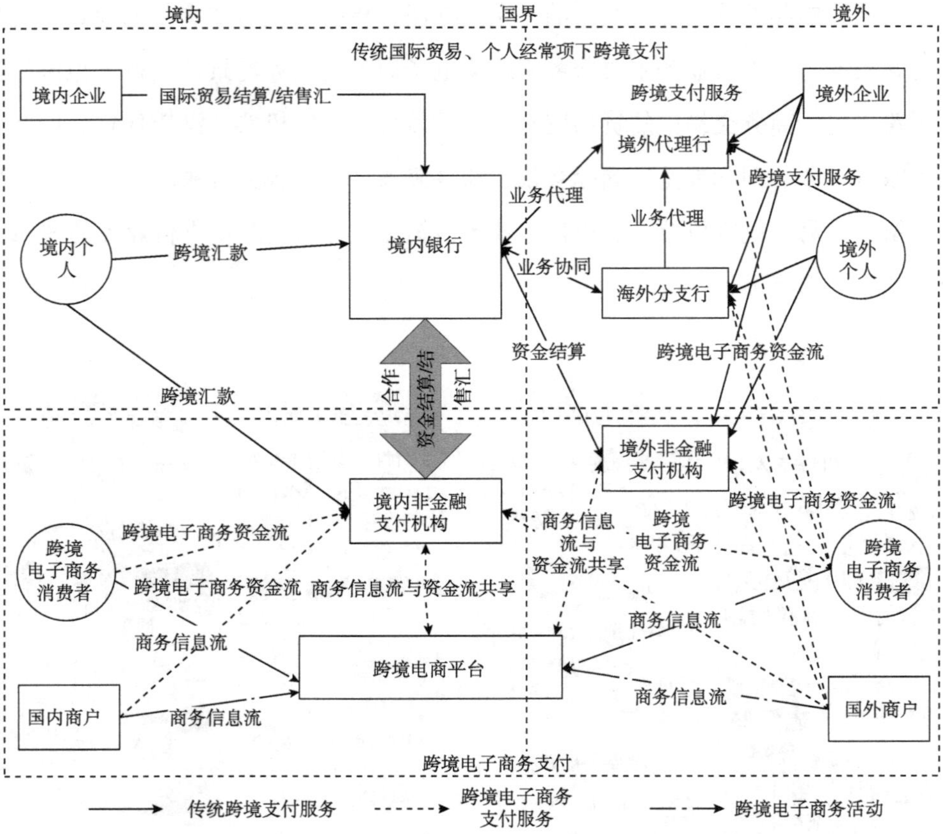

图 3-3　商业银行与互联网支付机构的业务关联示意图

资料来源：笔者绘制。

3.2　跨境支付市场发展与市场结构演变历程

3.2.1　我国跨境支付市场发展进程

我国的跨境支付业务活动伴随着古老的跨境贸易产生，其最初只是跨境贸易活动中的一个中间环节。在漫长的历史进程中，受制于社会生产力的发展水平，我国的跨境支付产业以及相关市场并未得到充分发展。直到改革开放之后，尤其是20世纪90年代到21世纪初期，我国跨境支付产业才伴随着国际贸易的快速发展和国内经济体制改革的不断深入推进，逐渐成为一个独立而完整的产业。以历史事件为线索，结合跨境支付业务的发展水平、市场中的从业主体等方面，可以将我国跨境支付市场划分为六个阶段。

3.2.1.1 古代时期：跨境支付市场萌芽时期

我国跨境支付最早可以追溯到西汉时期的“古代丝绸之路”。当时的西汉王朝统治者汉武帝派遣张骞出使西域各国，开辟了以长安为起点，途经凉州、酒泉、瓜州、敦煌及阿富汗、伊朗等中西亚各国到达地中海沿岸，并以罗马为终点的贸易路线。因该贸易路线中的货物以丝绸为代表，故被称为“丝绸之路”，除丝绸之外，东西方各国还交易了茶叶、皮毛、牲畜等多种货物，并成为中西方文明进行交流的重要通道。在最初的“丝绸之路”贸易中，交易双方采用以物易物的方式进行贸易结算和清算，伴随着社会经济的发展，贵金属等逐渐成为跨境贸易及债权、债务关系清算、结算的主要媒介。在我国古代的跨境贸易中，以物易物和以金银等贵金属充当交易媒介是主要的结算和清算方式。同时，我国古代时期也出现了一些代为保理资金，帮助客商进行跨境支付的商人，此时期提供的服务种类有限，整体效率较低，是我国跨境支付市场的萌芽时期。

3.2.1.2 1911~1950年：跨境支付业务初步拓展时期

我国近现代跨境支付体系的建立起源于中国银行的建立。1911年11月18日，大清银行宣布改组为南京临时政府中央银行——中国银行。1912年2月5日，中国银行在上海汉口路3号宣告诞生。之后，南京临时政府仿照西方国家的银行制度，制定了规范银行海外业务的规章制度，此时的中国银行作为南京临时政府的中央银行获得了国际汇兑业务的独家经营权，以经办国外票据、签发小额国外汇票等为起点，逐步开展国际结算业务。

1928年10月，国民政府将中国银行进一步改组为“特许国际汇兑银行”，实行专业化经营，并进行了一系列变革，保全了中国银行独立经营的地位。此后，中国银行积极改革，增设国外部，全面负责中国银行国际结算业务。1929年后，中国银行先后设立了伦敦经理处、日本大阪分行、新加坡分行、纽约经理处。其国际结算业务也从单一的国际汇兑业务扩展到出口押汇、汇款、信用证、托收和侨汇业务。直到中华人民共和国成立前夕，中国银行拥有国外直接通汇行62家、特约代理行96家，国际汇兑业务逐渐发展为中国银行的主要业务，中国银行的近现代化国际结算体系初步形成，也代表了我国国际结算业务的最高水平。1942年，中国银行成为发展国际贸易，实行国际贸易结算的专业银行。1949年，中国银行接受中国共产党领导，1950年，中国银行总管理处划归中国人民银行总行领导，并入中国人民银行体系内。同年，中国银行被并入中国人民银行，在中国人民银行内部负责国际业务。

在此时期，中国银行作为我国专业的国际贸易结算银行，积极拓展国际贸易结算业务，大力发展国际代理行，积极引进现代化的信息通信技术，为我国现代化的跨境支付市场发展奠定了基础，积累了业务经验，但受制于国内政局动荡、经济凋敝，此时跨境支付业务的发展也较为缓慢，整体业务量也较低。

3.2.1.3 1951~1985年：中国银行独家运营跨境支付业务时期

1953年，中国银行成为中央人民政府政务院特许的外汇专业银行。此后，中国银行积极投入到新中国的建设中，尝试在跨境支付业务中采用先进的通信技术，为打破资本主义国家对新中国的经济封锁做出了积极的贡献。20世纪60年代以后，中国银行在广州、大连、上海、青岛、天津等港口设立分行，为促进我国对外贸易的恢复与发展做出了积极的贡献。1978年，改革开放后，我国金融体制改革也逐步展开。1979年，经国务院批准，中国人民银行发布了《关于改革中国银行体制的请示报告》，决定将中国银行从中国人民银行分拆出来，同时设立国家外汇管理局，将中国银行总管理处改为中国银行总行，同时行使国家外汇管理总局职能，此时的国家外汇管理局和中国银行总行是“一套人马，两块牌”的政企合一体制。在此后的政企改革中，中国银行逐渐专注于国际业务，国家外汇管理局则专职于国家外汇管理政策的制定。1982年，中国银行明确了市场化企业的定位，并完成了与国家外汇管理局的政企分拆。此后，我国的跨境支付业务依然由中国银行专职负责，其他银行尚未获得从事外汇结算的资格。1985年9月，《中共中央关于制定国民经济和社会发展第七个五年计划的建议》提出，各专业银行应坚持企业化改革的方向，业务经营范围允许交叉。

3.2.1.4 1986~1993年：我国跨境支付市场初步形成时期

1986年，中国人民银行正式下发了关于允许专业银行业务交叉经营的决定，允许专业银行在沿海开放城市、经济特区的分支机构开办国际业务。之后其他几家专业性银行和股份制银行、区域性银行相继展开了国际贸易结算业务。1988年，国家外汇管理局下放了对专业银行分支机构经营国际业务的审批权限，中国工商银行、中国农业银行、中国银行、中国建设银行四大国有专业银行办理国际业务在全国铺开。据统计，截至1992年，国内经营外汇业务的银行总行共计13家，分支行千余家，全国和地方性非银行金融机构62家，基本形成了从总行、省级分行到地级市分支行，多种类型金融机构交叉开办外汇业务的格局。我国的跨境支付产业的市场竞争机制初步建立。

此时期内，我国从事外汇经营业务的机构虽然主要限于金融机构，但市场化的运行机制基本确立，多市场主体共同参与市场竞争的格局基本成型，我国跨境支付市场的雏形初步形成。

3.2.1.5 1994~2012年：我国跨境支付市场快速发展时期

1994~2012年是我国跨境支付市场快速发展的时期，集中体现在银行国际贸易结算业务的快速发展以及人民币国际化战略的推进、实施，非银行机构开始自发地进入跨境支付市场。

1994年，为加强外汇管理，增加外汇储备，我国开始实行外汇收入结汇制和银行售汇制，建立了银行间的外汇调剂市场，取消了境内外汇计价结算，禁止外币在境内流通。1996年颁布的《中华人民共和国外汇管理条例》则从法律层面对银行结售汇制度进行了确认。此后，虽然我国于2008年重新修订了《中华人民共和国外汇管理条例》，在银行结售汇制度方面进行了调整，不再强制要求境内机构的外汇收入必须回调国内，外汇收入必须卖给银行，也逐步取消了外汇付款核销制度。但是，由于我国境内禁止外币流通，境内机构的外汇收入用于国内时，依然需要通过银行进行结售，利用本币支付境外货款时，依然需要银行售汇。因而，截至目前银行结售汇制度依然是我国重要的外汇管理制度。

银行结售汇制度的实施，从事实上强化了银行在跨境支付中的作用。即国内从事外汇经营的企业必须通过银行进行结售汇，银行事实上成为所有机构进行跨境支付相关活动的最后结算机构。此后，我国外汇经营企业不断扩展国际结算业务的服务产品，跨境支付服务从简单的国际结算发展为国际结算与国际贸易融资相结合的综合性跨境支付服务；积极扩展海外代理行和分支机构，加强与国际清算、结算机构或组织的合作，中国银行、中国工商银行等国内五大银行先后加入环球同业银行金融通信网络（SWIFT），并采用其指定的跨境金融信息通信标准，积极加强与大来卡、万事达卡、维萨卡等国际银行卡组织的合作；国际结算业务的服务质量不断提升，跨境支付服务的业务效率不断提升，国内跨境支付的业务结算量不断提升。中国银行、中国工商银行的国际结算业务先后突破万亿大关，跨境支付的业务监管体系不断建立和完善，跨境支付市场的成熟度不断提升。与此同时，我国的跨境支付监管工作也不断深入和加强，先后制定、颁布、实施和重新修订了一系列有关法律及行政规定和指引、办法等，为确保我国跨境支付产业的健康有序发展提供了政策支持。

2008 年，美国金融危机爆发，对我国经济产生了严重的不良影响，也使国内对推进人民币国际化进程的必要性达成了共识。自此，人民币国际化正式提上了我国国际结算业务的发展日程。2009 年，中国人民银行与韩国、中国香港等国家和地区的中央银行签署了总额达 6500 亿美元人民币的双边本币互换协议，并正式在上海、广州、深圳、珠海、东莞启动跨境贸易人民币结算试点工作。2010 年，跨境人民币结算试点扩大到全国，业务范围涵盖货物贸易、服务贸易和其他经常项目。2012 年，人民币跨境支付系统（CIPS）正式开始建设。

在此期间，非银行机构进入跨境支付市场的代表性事件如下：2004 年，中国银联作为非银行性机构发行了第一张国际卡，正式进入跨境支付业务市场。此后，2007 年，支付宝与中国银行合作正式进入跨境支付业务领域；2009 年，支付宝又与国际银行卡组织合作，提供国际银行卡在线支付服务；2012 年，腾讯旗下的财付通与美国运通银行卡机构合作，为中国以外地区的美国运通商户提供在线购物支付结算服务；2012 年，快钱通也正式进入跨境支付业务领域，为开展跨境电子商务的商户提供国际收汇服务。

3.2.1.6 2013 年至今：跨境支付市场不断完善和调整并趋向成熟的时期

2013 年至今是我国跨境支付市场不断完善和调整并趋向成熟的时期，这一阶段我国跨境支付市场的突出变化体现在，非金融支付机构逐渐被允许参与跨境支付业务，新兴的跨境电子商务孕育了新兴的跨境支付业务模式，在跨境支付业务支撑技术中区块链技术广受关注。

进入 21 世纪后，信息技术的发展以及消费模式的变化带动了电子商务的快速发展。为提高电子商务的支付和结算效率，非金融机构纷纷开展电子支付业务。跨境电子商务的兴起给我国跨境支付带来了巨大变革，主要体现在：跨境电子商务需要更快、更便捷的跨境支付作为支撑，需要提供跨境电子商务支付服务的服务提供商更加深入地融合到跨境电子商务业务中。

基于以上新兴的跨境电商支付需求，国家监管层对跨境支付的监管政策进行了调整，通过业务试点，逐步允许非金融支付机构从事跨境支付业务。2013 年，伴随着跨境电子商务的发展以及国家自贸区的建设，中国人民银行开展了跨境电子商务外汇支付业务试点，2015 年，国家外汇管理局出台了《关于开展支付机构跨境外汇支付业务试点的通知》，进一步放宽了试点政策，2016 年，跨境电子商务综合试验区范围扩大到天津等 12 个城市。截至 2017 年底，我国开展跨境电子商务支付业务的非金融支付机构已经涵盖 8 个省市的 30 个企业。2019 年，在总结非金融支付机构跨境电子商务外汇支付业务试点经验与教训的基础上，国家外汇管理局印发了《支付机构外汇业务管理办法》，明确指出将支付机构开展外汇业务由申请审核制修改为申请登记制，只要支付机构具备支付业务运营资质并具有业务需要便可以开展外汇业务，降低了支付机构开展外汇业务的门槛。

非金融支付机构从事跨境支付业务，主要提供跨境电子商务业务场景中的跨境支付服务，与银行的跨境支付服务相比，其服务模式更加灵活、更加贴近跨境电子商务场景中消费者和商户的需求，丰富了我国跨境支付服务的业务种类和业务模式。

2015 年后，区块链技术在跨境支付领域中的应用价值被广泛认可，其具有的分布式、不可篡改、可追溯的技术特性为解决基于 SWIFT 系统和国际代理行体系的跨境支付业务模式中存在的成本高、时效性差的问题提供了新的思路，各大商业银行和支付机构纷纷开展了将区块链技术应用于跨境支付领域的业务探索。

根据上述对我国跨境支付市场的发展历程的回顾，我国的跨境支付市场发展阶段以及发展程度如图 3-4 所示。

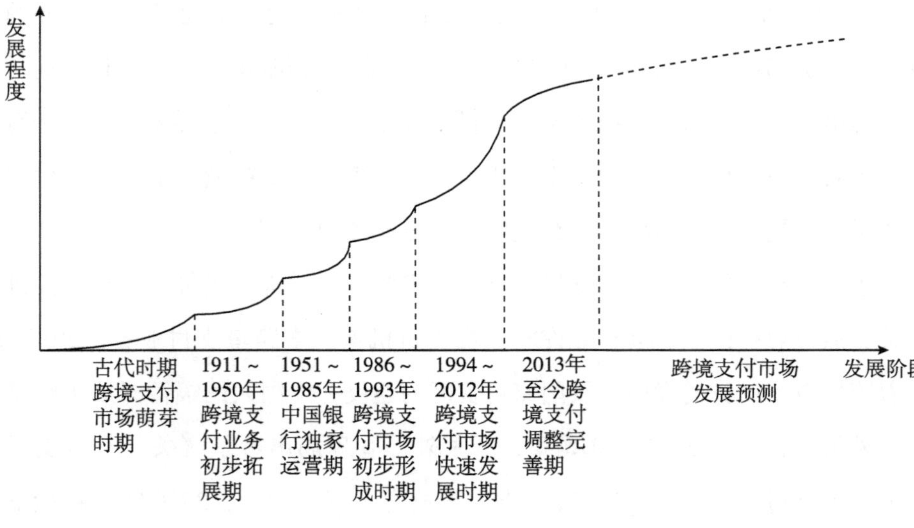

图 3-4　我国跨境支付市场不同阶段以及发展程度

资料来源：笔者整理。

3.2.2　跨境支付市场结构的历史演变进程

根据市场中的从业主体类型、市场进入壁垒以及市场发展程度，可以将我国跨境支付市场前五个历史时期的市场结构先后划归为：完全竞争市场、政府垄断市场、商业银行垄断市场和商业银行垄断背景下非银行支付机构参与市场竞争的市场。

3.2.2.1 完全竞争市场

我国跨境支付市场的完全竞争时期为古代丝绸之路开辟后到清朝中后期。自古代丝绸之路开辟之后，古代中国的对外贸易活动逐渐展开，跨境支付活动也日益增多。在跨境支付业务中主要采用的结算方式为“以货易货”的货物结算和由金、银、铜等贵金属充当结算货币的现金结算。随着国际贸易的日益增多和业务规模量的不断增大，现金结算方式逐渐成为主流。然而，由于贵金属存在质量大、运输不便等问题，国际贸易活动中逐渐出现了为贸易双方提供贵金属运输、保理、代理支付服务的商人，这些商人也就是我国最初开展跨境支付业务的服务商。在此时期，我国的跨境支付市场经历了漫长的发展，但受限于生产力的发展水平以及封建社会的政治制度，我国的国际贸易规模总体有限，跨境支付业务的发展程度也较低。同时，封建王朝统治者并未对跨境支付市场进行过多的干预，市场在较低的社会生产力水平下进出较为自由。因此，本书将此阶段划归为完全竞争时期。

3.2.2.2 政府垄断市场

跨境支付市场的政府垄断市场时期，是指清朝中后期到 1982 年中国银行实现政企分拆正式由政府行政部门转变为自负盈亏的企业法人。清朝中后期，封建统治者相继实行海禁和闭关锁国的对外政策，民间自发的跨境贸易基本上被禁止，取而代之的是封建政府只在少数地区设置专门机构从事国际贸易，具有代表性的是广州十三行。随着封建政府对国际贸易的垄断，跨境支付业务逐渐由政府职能部门专职办理，我国跨境支付市场进入了政府垄断时期。1912 年，中国银行成立，并被作为南京临时政府的中央银行，此后在民国时期，中国银行被指定为国际结算业务特许经营机构，并作为政府职能部门开展国际结算业务。中华人民共和国成立后，中国银行被纳入人民银行体系，并以政府职能部门的身份，成为负责国际结算业务的专业银行。直到 1982 年中国银行与国家外汇管理局正式分拆，其作为市场化的企业法人的地位才最终得以确认。在我国跨境支付市场的政府垄断时期，跨境支付被视为国家政权的行政职能，其市场化运作机制并未健全，市场中的从业主体则是政府行政机构或者政府指定特许经营商。

3.2.2.3　商业银行垄断市场

商业银行垄断市场时期为 1982 年中国银行完成与国家外汇管理局分拆之后到 2004 年中国银联开展国际银行卡业务之前。1982 年，中国银行正式成为从事国际结算业务的专业性银行，此后 1987 年人民银行正式下发了允许专业银行业务交叉经营的通知，其他专业性银行纷纷开展了国际结算业务。在此期间，我国主要的专业性银行基本完成了市场化改革，市场化的运营机制在跨境支付业务领域基本确立。跨境支付市场中的从业主体，不再以政府职能部门的身份开展跨境支付业务。整个跨境支付市场演变为了由市场化的商业银行垄断市场的格局。

3.2.2.4　商业银行垄断背景下非银行支付机构参与竞争的市场

非银行机构开始参与跨境支付市场竞争时期是指 2004~2012 年。在此期间，商业银行依然是国家相关法律、监管政策确认的唯一类别的跨境支付市场主体。市场中的绝大部分市场份额依然为商业银行所占据，市场整体上依然处于商业银行垄断时期。非银行机构开展跨境支付业务的市场主体地位并未得到相关国家监管部门以及相关法律政策文件的确认。但是，在市场需求刺激下，非银行机构尤其是互联网支付机构通过与商业银行合作或者与银行卡机构合作逐渐进入跨境支付市场领域，并参与到跨境支付市场的业务竞争活动中。

结合上文对我国跨境支付市场的发展历程的回顾，我国跨境支付市场的前五个发展阶段及其市场结构演变历程如图 3-5 所示。

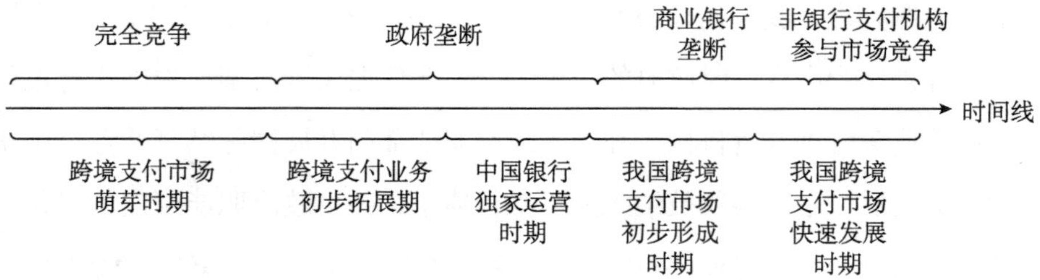

图 3-5　我国跨境支付市场发展及市场结构演变历程

资料来源：笔者绘制。

3.3 有限垄断竞争：我国现阶段跨境支付市场结构的新论断

2013年后，我国监管机构通过业务试点的方式，从国家监管层面认可了支付机构参与跨境支付业务的市场主体地位，由商业银行垄断的跨境支付市场正式迎来新的“搅局者”。然而，在支付机构进入跨境支付市场后，市场中的支付机构与商业银行之间并未出现人们预期的激烈竞争，支付机构之间和商业银行之间的竞争反而日趋激烈。支付机构跨境支付市场的平均费率由7%降到了3%，甚至出现了零费率的现象；各大商业银行纷纷推出了多样化和个性化的跨境支付业务，以最大化满足用户需求的方式进行市场份额的争夺。

2019年4月，国家外汇管理局发布了《支付机构外汇业务管理办法》，进一步放开了支付机构开展跨境支付业务的限制。取得支付业务许可证的支付机构，可以在满足相应的条件下，根据自身业务经营的需要开展跨境支付业务。监管部门放松市场进入限制，为更多的市场主体进入市场提供了机会，但却对开展跨境支付业务的支付机构频频开出巨额罚单，2019年11月，国家外汇管理局对京东旗下的支付机构网银在线开出2943.26万元的罚单，支付机构的跨境支付业务监管日益趋于严格。

这些现象背后所蕴含的经济学问题是：当前，跨境支付市场是垄断性市场还是竞争性市场，其市场结构如何？不同类型的市场主体在跨境支付市场中是以何种形式共存，二者之间为什么没有产生激烈的市场竞争？在跨境支付市场中，为何商业银行之间以及支付机构之间的竞争日益激烈？监管部门降低了市场准入门槛，为何又对市场主体开展跨境支付业务监管呈现“高压”态势？为回答以上问题，本节首先从政府管制、产品差异化、市场集中度与市场势力等维度对我国跨境支付市场的特征进行梳理，指出现阶段我国跨境支付市场特征与传统市场结构理论的冲突之处，提出有限垄断竞争市场结构，并进一步解释其形成机理和对市场主体行为的影响。

3.3.1 现阶段我国跨境支付市场特征

3.3.1.1 跨境支付业务的政府管制

跨境支付业务的政府管制主要包括资格管制和业务管制。资格管制构成了行政垄断，行政垄断是我国经济体制下特有的概念，主要包括两方面的含义，即政府垄断和政府授予垄断。政府垄断是指政府实行专卖制度，限制市场主体进入特定行业，政府授予垄断则是指政府将市场的垄断权力授予某个或者一些企业（邱兆祥等，2015）。目前，我国跨境支付业务市场具有较强的行政垄断性，其具化形式为政府授予垄断，即政府将跨境支付业务的经营权授予商业银行和支付机构。

在政府授予垄断下，我国境内被允许进入国际收支经常项下的跨境支付业务市场的组织或机构先后为商业银行等金融机构和非金融支付机构。

我国跨境支付业务市场化的发展初期，跨境支付过程中涉及的币种主要是外币，因此，政府监管部门对商业银行开展跨境支付业务的资格管制主要通过是否允许商业银行开展外汇业务的方式实现。如1990年颁布的《外汇指定银行外汇业务管理规定》、1992年颁布的《银行外汇业务管理规定》以及1997年修订的《银行外汇业务管理规定》等，都对商业银行开展外汇业务的资格进行了明确规定。伴随着我国对外贸易的发展以及外汇储备的不断增加，我国监管部门对商业银行开展外汇业务的资格管制力度不断降低，但同时依然实行业务“申请—审批”制，外汇业务并未实现真正意义上的“市场自由进出”，商业银行及其分支机构在进入外汇经营市场时依然需要具有《经营外汇业务许可证》。现阶段，国家外汇管理局作为主要的监管部门，重点对商业银行开展外汇结售汇业务的资格进行管理。

在我国商业银行跨境支付业务体系中，除外币以外，人民币也日益成为重要的跨境支付结算币种。目前，我国监管部门并未对商业银行开展人民币跨境支付业务进行资格管制，只是对人民币跨境支付结算系统的直接参与商业银行和间接参与商业银行的资格进行了限定。取得相应资格的商业银行，开展跨境人民币结算业务时，可以通过境内代理银行、港澳人民币业务清算行或境外机构在境内开立的人民币银行结算账户办理跨境贸易、其他经常项目、境外直接投资、境外贷款业务和经中国人民银行同意的其他跨境投融资人民币结算业务，并按照《人民币跨境收付信息管理系统管理暂行办法》接入人民币跨境收付信息管理系统。

政府对商业银行的跨境收付行为管制主要由中国人民银行以及国家外汇管理局颁布的一系列行政法规和业务指导文件构成，其业务管制涵盖了货物贸易外汇管理、边境贸易、服务贸易外汇管理、个人经常项目外汇管理、国际收支统计综合法规、国际收支统计间接申报、国际收支统计直接申报、抽样调查制度等方面，相关的法律法规以及业务指导文件达上百项。

政府对支付机构跨境支付的资格管制和行为管制，具体的政策文件为2010年颁布的《非金融机构支付服务管理办法》、2013年颁布的《支付机构跨境电子商务外汇支付业务试点指导意见》（现已废止）和2019年颁布的《支付机构外汇业务管理办法》。最新发布的《支付机构外汇业务管理办法》，不仅要求支付机构在开展外汇业务中需要具备相关支付业务合法资质，并向国家外汇管理局备案登记，同时也对支付机构开展跨境支付业务的经营范围、风险管理、合作银行、客户信息管理等具体业务行为作出了明确的规定。而支付机构开展跨境人民币业务在具备支付业务许可证的基础上还需要得到中国人民银行的批准。

3.3.1.2 跨境支付市场的服务商群组

由于在业务范围、业务办理能力以及跨境支付网络方面存在差异，我国跨境支付市场存在商业银行服务商群组和支付机构服务商群组。

（1）我国跨境支付市场中商业银行群组。我国跨境支付市场中的商业银行厂商群组可以划分为五个（见表3-7）。

表 3-7　我国跨境支付市场中商业银行群组及业务特征

组别	所包含的商业银行类型	跨境支付业务特征
群组一	国有大型商业银行	专业银行转制改革而来，具有覆盖全国的业务网点、跨境支付业务类型齐全、业务量规模大、业务水平领先等特点，建成了覆盖全球的代理行体系和支付网络
群组二	全国股份制银行	国际结算业务能力较强，业务种类齐全，海外代理行和跨境支付网络覆盖范围广
	大型城市商业银行	
群组三	中小型城市商业银行	面向中小城市（地区）的跨境支付业务，业务规模量较小，业务种类较为齐全
	大型农业商业银行	
	民营银行	
群组四	小型农业商业银行	多为面向农村的跨境支付业务需求，业务规模量较小，业务种类较少，整体跨境支付业务办理能力较低
	村镇银行	
	农村信用合作社	
群组五	港澳台银行	我国商业银行跨境支付业务体系的重要补充，一般开展面向外资股东所在国或地区的跨境支付结算业务为主
	中外合资银行	
	外资银行	

资料来源：笔者整理。

群组一包含的商业银行有中国银行、中国工商银行、中国建设银行、中国农业银行等国有大型商业银行。这些国有大型商业银行不仅从事国际结算业务的时间最长，业务规模体量最大、营业网点最多，同时也代表了国内国际结算业务办理能力的最高水平。群组二包含的商业银行有全国股份制银行、大型城市商业银行，这些商业银行的跨境支付业务具有较先进的业务办理能力，营业网点众多，业务种类较为齐全。群组三包含的商业银行有中小型城市商业银行、大型农业商业银行以及民营银行，这些银行在我国境内一般被归为中小型商业银行，其国际结算业务主要面向中小城市的国际贸易，整体业务规模量较小，且业务种类相对较少。群组四包含的商业银行有小型农业商业银行村镇银行和农村信用合作社，这些银行的跨境支付业务主要面向农村地区，为乡镇企事业单位及个人提供跨境支付服务，业务规模量小，办理国际结算业务的能力较低，在为用户办理跨境支付业务时经常要通过与国内其他大型银行合作才能完成。群组五包含的商业银行有港澳台银行、中外合资银行、外资银行，其在面向特定国家或国际结算业务中具有较大优势。

由表 3-7 可以看出，商业银行跨境支付业务市场中，不同群组提供的产品具有较大的差异，其差异化主要体现在跨境支付业务产品丰富度、业务办理能力以及代理行网络覆盖范围等方面。然而，进一步分析群组内部商业银行的跨境支付业务可以发现，群组内部不同的商业银行之间的产品则具有趋同化。

（2）支付机构跨境支付市场的服务商群组。通过梳理 2013～2019 年支付机构跨境支付业务试点时期的支付机构业务实践可以将已经开展跨境支付业务的支付机构划分为五个群组（见表 3-8）。

表 3-8　我国跨境支付市场中支付机构群组及业务特征

组别	支付机构名称	群组内部跨境支付业务特征
群组一	支付宝（中国）网络技术有限公司	国内巨头支付机构企业，依靠庞大的用户基础，并依托企业集团自有的电商平台或社交平台，建立了巨大的业务领先优势
	财付通支付科技有限公司	
群组二	中国银行卡联合组织	国内银行卡机构，在银行跨行清算领域具有突出优势，并依靠自身的巨大银行卡支付网络以及与商业银行之间的密切合作关系，开展跨境支付业务
	北京银联商务有限公司	
群组三	网银在线（北京）科技有限公司	国内知名电商类平台的支付子公司，其跨境支付业务主要服务于自身的电商平台的跨境电商业务，并以进口结算业务为主
	网易宝有限公司	
	南京苏宁易付宝网络科技有限公司	
	浙江贝付科技有限公司	
群组四	海南新生信息技术有限公司	多为中小型企业，并在特定的业务领域具有优势，跨境支付服务以面向 B 端为主。通过为用户提供定制化的服务作为突出策略。但群组内部商业模式极易被模仿，企业难以建立业务进入壁垒
	上海汇付数据服务有限公司	
	联动优势电子商务有限公司	
	快钱支付清算信息有限公司	
	连连银通电子支付有限公司	
	宝付网络科技（上海）有限公司	
	重庆市钱宝科技服务有限公司	
	智付电子支付有限公司	
	迅付信息科技有限公司	
	通联支付网络服务股份有限公司	
	上海盛付通电子支付有限公司	

续表

组别	支付机构名称	群组内部跨境支付业务特征
群组四	易宝支付有限公司	多为中小型企业，并在特定的业务领域具有优势，跨境支付服务以面向B端为主。通过为用户提供定制化的服务作为突出策略。但群组内部商业模式极易被模仿，企业难以建立业务进入壁垒
	上海富友支付服务有限公司	
	重庆易极支付科技有限公司	
	北京爱农驿站科技服务有限公司	
	东方电子支付有限公司	
	银盈通支付有限公司	
	成都摩宝网络科技有限公司	
	北京首信易支付科技有限公司	
	北京钱袋宝支付有限公司	
	资和信网络支付有限公司	
群组五	拉卡拉支付股份有限公司	国内知名的POS机提供商，并以“线上+线下”“软件+硬件”的形式提供跨境支付业务

资料来源：笔者整理。

群组一包含的支付机构为支付宝（中国）网络技术有限公司（以下简称支付宝）和财付通支付科技有限公司（以下简称财付通）。支付宝和财付通作为我国巨型互联网支付机构，在2007年和2009年就已经开始跨境支付业务的相关探索，在2013年国家外汇管理局正式开展支付机构跨境支付业务后，也获得了相应的业务牌照。二者基于电商生态体系和社交生态体系积累了规模庞大的用户群体，其进入跨境支付市场的时间较早，业务体系成熟度较高。

群组二包含的支付机构为中国银行卡联合组织有限公司（以下简称中国银联）及其下属的银联商务。其中，银联商务是中国银联旗下的子公司。中国银联作为我国境内银行卡清算公司，其发卡量已经跃居全球第一。中国银联开展的跨境支付业务，基于其自身几乎可以覆盖全球的银行卡清算体系。为用户提供跨境支付服务也主要为基于银行卡的跨境支付业务服务。近年来，伴随着跨境电子商务的不断发展，中国银联逐渐进入跨境电子商务的竞争中，并推出了跨境电商B2B业务。

群组三包含的支付机构为网银在线（北京）科技有限公司、网易宝有限公司、南京苏宁易付宝网络有限公司、浙江贝付科技有限公司。这些支付机构是我国大型电商平台企业旗下的支付机构，主要为其所属的电商平台提供跨境电子商务的支付与结算服务。

群组四包含海南新生信息技术有限公司等20家中小型支付机构。此群组中的支付机构因缺乏用户基础，资金规模和技术开发能力有限，难以与头部群组的支付机构以及国内大型电商平台旗下支付机构展开竞争。因此，其业务多为面向从事跨境电子商务出口业务的商户，并为用户提供定制化的服务，同时此群组中的竞争也尤为激烈。

群组五中的支付机构为拉卡拉支付股份有限公司。国内知名的POS机提供商，并以“线上+线下”“软件+硬件”的形式提供跨境支付业务。

3.3.1.3 跨境支付市场的市场势力

我国跨境支付市场中的市场势力主要表现为特定类别的跨境支付服务商影响市场价格、业务模式的能力。我国跨境支付市场中的厂商势力呈现出多层次、复合化等特征。

属于金融机构的商业银行相比属于非金融机构的支付机构具有更强的市场影响力。相比于支付机构，我国商业银行开展跨境支付业务整体处于成熟期，不仅为个人或企事业单位提供汇款和国际结算服务，也为支付机构提供资金的代理清算与结算、跨境支付备付金托管、资金的汇兑服务。因此，当前我国商业银行的跨境支付业务水平以及发展质量直接影响到了我国跨境支付业务市场的发展水平和发展质量，进而，在整个跨境支付业务市场中具有较强的市场势力。

在商业银行跨境支付业务市场中，群组一中的国有大型商业银行具有较强的市场势力。其市场势力具体表现为以下三个方面：第一，国有大型商业银行的跨境支付业务成熟度高，业务经营理念先进，业务品种丰富，跨境支付业务效率高。第二，相比于其他群组中的商业银行，国有大型商业银行的跨境支付业务服务类型丰富，并积极面向用户需求提供个性化、定制化的跨境支付服务；在跨境支付风险管理方面，国有大型商业银行在长期业务经营过程中，探索建立了完善的、先进的风险管理体系，不仅可以有效降低代理用户资金跨境转移的风险，也可以有效降低自身在业务经营过程中的损失。第三，国有大型商业银行积极增加跨境金融基础设施投入，建成了覆盖全球的跨境支付网络体系。从 20 世纪 90 年代开始，我国国有大型商业银行不断开展跨境支付体系硬件系统建设和软件系统建设，先后加入了全球银行同业金融通信协会，并借助该协会提供的 SWIFT 系统实现了跨境金融业务的全球通信，大大提升了跨境支付业务的运作效率和覆盖水平。

在支付机构跨境支付业务市场中，群组一中的支付宝、财付通和群组二中的中国银联具有较强的市场势力。其市场势力的形成主要源于：①支付宝、财付通作为国内巨头互联网公司旗下的支付机构，拥有体量巨大的用户数量，其跨境支付业务不仅服务于阿里、腾讯涉足的跨境电子商务业务，同时也作为第三方支付机构服务于其他跨境电商平台的跨境支付业务。②银行卡作为当前重要的跨境支付工具被广泛使用。作为我国本土的银行卡机构，中国银联也因银行卡的广泛使用而在我国跨境支付业务市场中占据了重要地位。中国银联的银行卡跨境支付业务不仅服务于商业银行、支付机构，提供基于银行卡的跨境信息通信、资金的清算与结算的后端服务，同时也为终端商户提供基于银行卡的跨境支付解决方案，这就使中国银联在整个跨境支付业务市场中具有较强的市场影响力。③支付宝、财付通、中国银联等支付机构，企业规模大、资本雄厚，在资金投入、业务创新方面具有巨大的优势，是我国支付机构跨境支付业务市场发展的“风向标”。

3.3.2 我国跨境支付市场特征与经典市场结构理论的冲突

3.3.2.1 我国跨境支付市场的市场特征与完全竞争市场结构的冲突

一般而言，完全竞争市场是指市场上存在许多厂商和许多消费者，每个厂商的产量只占整个行业产量中的极小部分，每个消费者的消费量也只占市场总消费的极小部分，市场中每一个厂商都可以自由地进入和退出该市场，每个厂商对市场价格的影响极为有限，产品同质化等。因而，完全竞争市场又被称为“完美市场”。然而，完全竞争市场往往只出现于学者的研究中，用以阐述市场的基本运作机理，在现实世界中难以找到真正的完全竞争市场。我国的跨境支付市场则更加难以将其划分为完全竞争市场。

第一，我国跨境支付市场中的服务商是不能自由进入跨境支付市场的，我国对跨境支付业务有严格的审批和监管规定，相关论证可以从前文中我国跨境支付市场政府管制的市场特征中体现出来，在此不再赘述。

第二，在我国跨境支付市场中的产品极富差异化。跨境支付市场中商业银行和支付机构提供的跨境支付服务具有较大的差异性，同时也存在多个商业银行和支付机构服务商群组，不同群组中的商业银行或支付机构提供的跨境支付服务也存在较大差异。

第三，个别群组中的服务商对整个跨境支付市场具有重要的影响力。一方面，中国建设银行、中国银行、中国工商银行、中国农业银行、交通银行等国有大型商业银行在国际结算业务中具有重要影响力。另一方面，作为我国第三方支付机构的巨头，支付宝与财付通在支付机构跨境支付业务领域具有重要的影响力。

3.3.2.2 我国跨境支付市场的市场特征与完全垄断市场结构的冲突

一般而言，完全垄断市场是指市场中只有一个厂商，厂商可以通过定价策略获取超额利润、厂商不可以自由进入。莫里斯·多布（1925）在《资本主义企业与社会进步》中将垄断产生的原因归结为：自然的、制度的、资源的。

从对我国跨境支付市场的回顾中可以看出，我国跨境支付从中华人民共和国成立到1986年专业银行业务交叉改革之前，我国的跨境支付市场具有垄断市场的特征。因为，此时期我国跨境支付业务依然为中国银行专营，提供跨境支付服务的银行只有一家，同时由于制度因素使我国境内的其他银行无法开展跨境支付业务。然而，自我国实行专业银行业务交叉经营改革之后，我国的跨境支付市场由一家商业银行完全垄断的局面发生了改变，之后伴随着新的市场从业主体的进入，我国跨境支付市场由银行业机构垄断的局面进一步发生了变化。因而，将我国跨境支付市场划分为完全竞争市场是不适宜的。

3.3.2.3 我国跨境支付市场的市场特征与寡头垄断市场结构的冲突

一般而言，寡头垄断竞争是指市场中只有很少的厂商竞争，一个厂商市场行为的结果依赖于其他厂商的市场行为。虽然，在我国跨境市场中存在明显的巨头企业，但将我国跨境支付市场划归为寡头垄断市场则具有片面性。原因如下：

我国跨境支付市场中跨境支付服务商数量众多。目前，在我国境内具有结售汇资格的商业银行为 496 家，而可以开展跨境人民币结算业务的商业银行并没有受到国家监管部门的资格管制，这意味着目前我国存在的 2000 多家商业银行性质的金融机构，都可以开展跨境人民币支付与结算业务，因此将我国现阶段跨境支付市场中的跨境支付服务主体认定为少数几家企业，显然有失客观性。

在跨境支付市场中，服务商之间相互依赖的关系并不显著。在我国的跨境支付市场中，存在多个厂商群组。处于相同群组中的厂商实际上为相同产品的同质竞争者，其竞争策略的改变将对其他厂商产生影响，但处于不同群组之间的厂商则是差异化产品的垄断者，相互之间几乎不存在影响关系。

3.3.2.4　我国跨境支付市场的市场特征与垄断竞争市场结构的冲突

一般而言，垄断竞争市场特征包括产品差异化，市场中的厂商较多，市场中的厂商对其他厂商的影响较为有限、市场具有较低的市场进入壁垒，厂商可以较自由地进入和退出市场。

从上文对我国跨境支付市场中的政府管制制度的分析中可以看出，我国的跨境支付市场依然具有较高的行政壁垒，并不能实现市场中自由地进入与退出。同时，我国跨境支付市场中商业银行相比于支付机构具有更强的市场势力，与小型服务商，大型服务商相比也具有较强的市场势力。基于此，我国跨境支付市场并不能被划归为垄断竞争市场。

3.3.3　我国跨境支付市场的新论断——有限垄断竞争市场

通过以上分析可以看出，难以将我国跨境支付市场划归为完全竞争市场、完全垄断市场、寡头垄断市场以及垄断竞争市场中的任意一种市场结构。显而易见，竞争性垄断等阐述信息行业与互联网行业的新的市场结构理论，也难以对我国跨境支付市场的市场结构进行良好的诠释。进一步地，分析跨境支付市场的产业实践，其市场中每一个厂商在政府管制以及产业分工专业化的影响下，可以发现市场中的每一个厂商既是市场的有限垄断者也是市场的有限竞争者，市场呈现出有限垄断竞争格局。

3.3.3.1 跨境支付市场有限垄断竞争的出现

（1）跨境支付市场的垄断与竞争并存。跨境支付市场中用户需求呈现出异质化，如安全偏好性用户和便捷偏好性用户，在不同的场景下，同一用户的偏好同时也会发生变化，如消费者用户在跨境电子商务的支付业务场景下偏向于服务的便捷性、在个人转账场景下则偏向于服务的安全性。用户需求异质化促使跨境支付的服务商不断地进行业务模式创新，并通过提供差异化的服务最大化满足用户需求。差异化服务促使厂商形成不同的群组（见表 3-7 和表 3-8），不同群组中跨境支付服务商事实上成了差异化产品的垄断者，而同一群组内部跨境支付服务商产品则具有趋同性，这就使处于同一群组中的厂商成了相似服务的竞争者，因而跨境支付服务市场中垄断与竞争并存。

（2）跨境支付市场垄断扩展和市场竞争受到限制。在我国跨境支付市场中，获得相应业务开办资质的跨境支付服务商事实上成了行政壁垒下的市场垄断者。同时，伴随着资格限制的放松以及国家整体市场开放程度的提升，允许进入跨境支付市场的服务商类别以及数量不断增加。企业数量的不断增多无疑又增强了市场中的竞争性，从而限制了市场垄断性的不断扩展。此外，资格管制服务商对相关业务的范围、业务流程及风险管控等进行了规制，这些行为规制对我国跨境支付服务商降低运营成本、提升效率、拓展业务范围和服务种类构成了限制，也成了跨境支付服务商开展业务竞争的“枷锁”，限制了市场竞争。表 3-9 分类别统计了国家外汇管理局发布的对商业银行开展国际结算构成行为规制的相关的法规。

表 3-9 国家外汇管理局发布的经常项下跨境支付的相关的法规目录

法规类别	具体方向	数量
综合（14 项）	基本法规	7 项
	账户管理	6 项
	行政许可	1 项

续表

法规类别	具体方向	数量
经常项目外汇管理（23 项）	经常项目综合	6 项
	货物贸易外汇管理	8 项
	边境贸易	1 项
	服务贸易外汇管理	3 项
	个人经常项目外汇管理	5 项
金融机构外汇业务监管（18 项）	基本法规	2 项
	银行结售汇业务	16 项
国际收支与外汇统计（14 项）	国际收支统计综合法规	1 项
	国际收支统计间接申报	5 项
	国际收支统计直接申报	6 项
	抽样调查制度	2 项
外汇检查与法规适用（12 项）	办案程序	3 项
	法律依据	4 项
	其他	5 项
外汇科技管理（11 项）	外汇科技管理	11 项

资料来源：根据公开资料整理，数据截至 2019 年 6 月 30 日。

（3）服务商在整个产业价值链上呈现有限垄断与有限竞争的格局。相比于境内支付产业和业务体系，跨境支付涉及的业务环节更多，业务流程更复杂。市场上的任何一个服务商都难以涉足产业链的全部环节。在此背景下，跨境支付服务商在开展跨境支付业务中，在产业链纵向维度上，跨境支付服务商往往不涉及产业链中的每一个环节，而是通过系统接入的方式构建起跨境支付的资金通道。如我国的商业银行一般借助 SWIFT 系统实现跨境金融通信，通过与支付机构合作，分享跨境电子商务发展带来的支付业务市场红利。小型商业银行借助大型商业银行的国际结算网络完成跨境支付业务。作为支付机构，银联为商业银行以及其他支付机构提供银行卡清算业务。大型支付机构如支付宝、财付通以及中国银联正在加紧推进支付平台开放战略，并为中小型支付机构提供接入通道。在产业链横向维度上，跨境支付服务商是与其有直接竞争关系的，处于同一产业环节企业系统不兼容，以防止直接竞争对手剽窃自身业务模式或者获取用户数据，例如，支付宝和财付通二者的系统不兼容性十分明显。这种基于跨境支付产业链条复杂的实际情况，采取的应对策略，事实上使任何一个厂商都难以建立对跨境支付行业的全面垄断优势，而在跨境支付市场中存在明显的产业价值链上下游衔接关系的企业之间难以形成竞争关系。因此，服务商在整个产业价值链上呈现有限垄断与有限竞争的格局。

3.3.3.2 有限垄断竞争市场的内涵及特征

有限垄断竞争市场是指市场中的每一个厂商既是有限垄断者又是有限竞争者。有限垄断竞争市场概念是对我国现阶段跨境支付市场结构的描述，其突出的市场特征包括：①市场中存在不同的厂商群组，群组内部产品基本同质，群组之间产品差异化大；②存在市场进入壁垒；③市场中的厂商数量较多但总量有限；④市场势力多元化复合化；⑤由产品差异化引起的需求曲线向下方倾斜。表 3-10 为有限垄断竞争市场与经典的四种市场结构对比情况。

表 3-10 有限垄断竞争市场与经典的四种市场结构对比

市场结构 市场特征	完全竞争市场	完全垄断市场	寡头垄断市场	垄断竞争市场	有限垄断竞争市场
产品差异	产品无差异	产品差异大	同质化或差异化显著	产品差异化	群组内部产品基本同质，群组之间产品差异化较大
市场壁垒	无	很高	较高	较低	存在市场进入壁垒
企业数量	很多，市场中的企业呈现原子化	单一	若干	较多	较多，但总数有限
市场势力	无	垄断势力	厂商合谋形成垄断势力	长期内无市场势力	市场势力多元化复合化
需求曲线	由市场均衡价格出发的水平曲线	向右下方倾斜	向右下方倾斜	向右下方倾斜	向右下方倾斜

资料来源：笔者整理。

3.3.3.3　有限垄断竞争市场形成机制

有限垄断竞争市场的形成机制如图 3-6 所示。

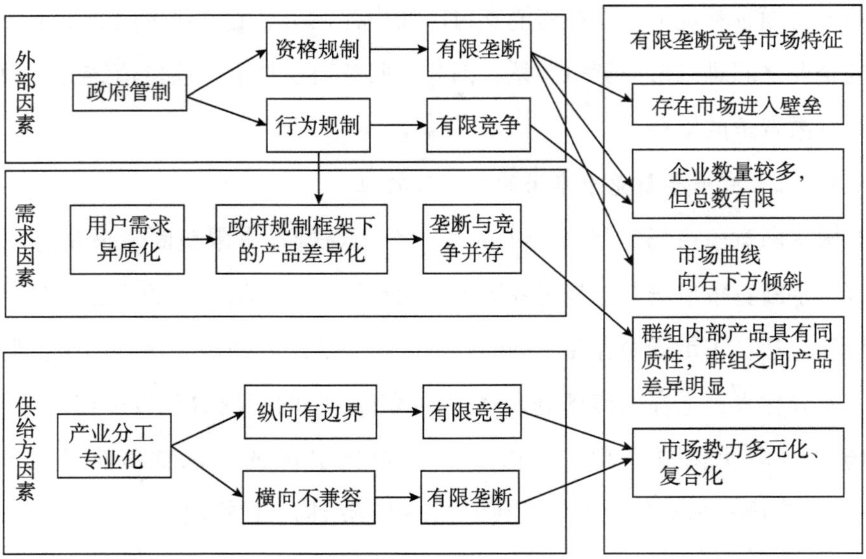

图 3-6　有限垄断竞争市场的形成机制

资料来源：笔者绘制。

（1）政府管制是有限垄断竞争市场形成的外部因素。有限垄断竞争市场的市场主体需要得到政府部门授权才可以开展相关业务，其实质属于政府授予垄断。在这种外在的市场控制机制的作用下，被允许开展业务的市场主体具有天然的垄断性。而政府通过动态调整、降低市场进入门槛、允许更多的市场主体进入市场，则有效地限制了在位者企业垄断性的无穷扩展，进而形成了有限垄断。此外，政府通过出台相关法律、政策，对被允许进入市场的市场主体所开展的业务范围、业务流程进行规制，则对其竞争行为构成了限制，进而形成了有限竞争。同时，政府管制的外部因素也造成了市场存在进入壁垒，企业数量较多但总量有限的市场特征。进一步地，进入壁垒的存在也使行业具有垄断性，从而面临向右下方倾斜的市场曲线。

（2）用户需求异质化是有限垄断竞争市场中垄断与竞争并存的内在动因。用户具有的产品需求异质化，使厂商为最大化获取利润，在政府管制的框架内不断进行商业模式创新和技术创新，加强了产品差异化程度，进而形成不同的群组，群组之间产品差异明显。群组中的厂商事实上成了差异化产品或者服务的垄断者，而群组内部产品具有同质性，因此本质上是群组内部各个厂商之间具有竞争性。

（3）产业分工专业化是形成有限垄断竞争的重要供给侧因素。产业分工专业化使产业链上的每一个环节都有相应的服务商提供生产或服务。这使厂商不必涉及产业链上的每一个环节，而是将企业资源集中于产业链的某一特定环节，以获得竞争优势。在实践中则表现为“纵向有边界”和“横向不兼容”。“纵向有边界”是指厂商并不涉足每一个环节，而是通过协议建立合作关系的方式，充分利用其他厂商在特定产业环节的业务优势，自身则专注于产业链条的某一个或某几个环节。“横向不兼容”是指处于同一产业环节中的厂商之间系统不兼容。“纵向有边界”使处于产业上下游之间的企业难以形成全面的竞争关系，从而限制了市场竞争。“横向不兼容”则刺激同类型厂商不断优化业务流程、扩充自身用户规模、开展产品创新，从而限制了市场垄断。因此，在产业分工专业化的影响下，市场中形成了有限垄断竞争的格局。此外，市场中的大型企业依靠自身具有的资金、技术、人才优势，会涉及产业链的多个环节，对于产业链的影响力不断提升，这也造成了有限垄断竞争市场中市场势力的多元化与复合化的特征。

3.3.4 对有限垄断竞争的跨境支付市场的进一步分析

跨境支付服务商在为用户提供跨境支付服务时具有双边平台属性。下面从平台经济学的视角，基于霍特林模型对我国现阶段有限垄断竞争的跨境支付市场的定价差异、用户黏性和网络外部性等因素展开进一步的分析。

3.3.4.1 基本假设

（1）由于市场准入资格限制，在市场中，只存在两个平台属性具有差异的跨境支付服务商，两个服务商分布在长度为 1 的线段两端。服务商 1 位于起点，服务商 2 位于终点。

（2）服务商双边市场为 A 边市场和 B 边市场。服务商 1 的 A 边市场和 B 边市场的用户规模分别为 n_1^a 和 n_1^b，服务商 2 的 A 边市场和 B 边市场的用户规模分别为 n_2^a 和 n_2^b。服务商两边的用户在 [0，1] 服从均匀分布，服务商边际成本为零。

（3）网络交叉外部性为 λ，用户的选择差异化的服务商所付出的单位距离成本为 t，用户黏性系数为 s，用户的黏性系数越高意味着用户的转移成本 $s\times x$ 越高。

3.3.4.2　用户效用函数与服务商利润函数

根据前述假设可以得到位于 A 边和 B 边的用户在服务商平台 1 和服务商平台 2 中获得的效用如下：

服务商平台 1 中 A 边用户的效用为：

$$U_1^a=u_0+\lambda n_1^b-P_1^a-(t+s)x_1^a$$

服务商平台 1 中 B 边用户的效用为：

$$U_1^b=u_0+\lambda n_1^a-P_1^b-(t+s)x_1^b$$

服务商平台 2 中 A 边用户的效用为：

$$U_2^a=u_0+\lambda n_2^b-P_2^a-(t+s)(1-x_1^a)$$

服务商平台 2 中 B 边用户的效用为：

$$U_2^b=u_0+\lambda n_2^a-P_2^b-(t+s)(1-x_1^b)$$

根据霍特林模型假定 A 边市场和 B 边市场的某用户选择服务商 1 和服务商 2 的获得效用相同，即：

$$U_1^a=U_2^a$$

$$U_1^b=U_2^b$$

可以得到：

$$x_1^a=\frac{\lambda(n_1^b-n_2^b)-P_1^a+P_2^a}{2(t+s)}+\frac{1}{2}$$

$$x_2^a=\frac{1}{2}-\frac{\lambda(n_1^b-n_2^b)-P_1^a+P_2^a}{2(t+s)}$$

$$x_1^b=\frac{\lambda(n_1^a-n_2^b)-P_1^b+P_2^a}{2(t+s)}+\frac{1}{2}$$

$$x_2^b=\frac{1}{2}-\frac{\lambda(n_1^a-n_2^b)-P_1^b+P_2^a}{2(t+s)}$$

来自平台A边市场和B边市场的用户收益共同构成了服务商平台的收入，服务商平台的固定成本为C，则根据上述假设可以得到服务商1和服务商2的利润函数：

$$\pi_1=P_1^ax_1^a+P_1^bx_1^b-C_1$$

$$\pi_2=P_2^ax_2^a+P_2^bx_2^b-C_2$$

3.3.4.3 模型分析与讨论

服务商利润最大化时，所满足的一阶条件为：

$$\frac{\partial\pi_1}{\partial P_1^a}=\frac{\partial\pi_1}{\partial P_1^b}=\frac{\partial\pi_2}{\partial P_2^a}=\frac{\partial\pi_1}{\partial P_2^b}=0$$

求解可得：

$$P_1^a=(t+s)+\frac{\lambda}{3}(n_1^b-n_2^b)$$

$$P_2^a=(t+s)-\frac{\lambda}{3}(n_1^b-n_2^b)$$

$$P_1^b=(t+s)+\frac{\lambda}{3}(n_1^a-n_2^a)$$

$$P_2^b=(t+s)-\frac{\lambda}{3}(n_1^a-n_2^a)$$

结论1：观察服务商利润最大化的定价策略不难发现，服务商平台之间一边用户规模之间的差异，直接影响服务商平台对另外一边用户的定价策略。例如，对于服务商1而言，其在B边市场中拥有的用户数量相对于服务商2在B边市场拥有的用户数量越多，其在达到利润最大化时所收取的价格越高，其定价能力就越强。

启示 1：结论 1 从某种程度上有助于理解在跨境支付市场中大型商业银行定价往往高于中小型商业银行、大型支付机构的定价往往高于中小型支付机构的现象。这是因为相对于中小型商业银行和支付机构，大型商业银行和支付机构的用户规模更大、跨境支付业务涵盖范围更广泛。结论 1 有助于理解即使在政府授予垄断下支付机构依然向用户提供免费服务的原因。支付机构向其一侧的用户提供免费服务，有利于扩大其在该侧市场中的用户量，进而有利于提升对另一侧用户的定价能力。

将 P_1^a、P_1^b、P_2^a、P_2^b 代入 x_1^a、x_1^b、x_2^a、x_2^b 的表达式可以得到：

$$x_1^a=\frac{\lambda}{6(t+s)}(n_1^b-n_2^b)+\frac{1}{2}$$

$$x_2^a=\frac{1}{2}-\frac{\lambda}{6(t+s)}(n_1^b-n_2^b)$$

$$x_1^b=\frac{\lambda}{6(t+s)}(n_1^a-n_2^a)+\frac{1}{2}$$

$$x_2^b=\frac{1}{2}-\frac{\lambda}{6(t+s)}(n_1^a-n_2^a)$$

结论 2：观察服务商利润最大化时的用户规模不难发现，服务商之间在某一边市场中用户规模之间的差异，直接影响服务商在另一边市场中的用户规模。当两个服务商在某一边市场中用户规模无差异时，二者在另一边市场中将平分市场。

启示 2：结论 2 有助于理解为何支付宝和财付通两家大型支付机构往往同时为一个跨境电子商务平台上的消费者和商户提供跨境支付服务，以及大型跨国贸易公司往往在中国银行、中国工商银行等大型国有银行中同时开立账户，因为我国大型跨境支付服务提供商在跨境支付业务的双边市场中所拥有的用户规模大体相当。

将 P_1^a、P_1^b、P_2^a、P_2^b、x_1^a、x_1^b、x_2^a、x_2^b 代入 π_1 和 π_2 的表达式，可以得到服务商 1 和服务商 2 的最大化利润和服务商的总利润：

$$\pi_1=\frac{\lambda}{3}(n_1^b-n_2^b)+\frac{\lambda^2}{18(t+s)}(n_1^b-n_2^b)^2+\frac{\lambda}{3}(n_1^a-n_2^a)+\frac{\lambda^2}{18(t+s)}(n_1^a-n_2^a)^2+(t+s)-C_1$$

$$\pi_2=-\frac{\lambda}{3}(n_1^b-n_2^b)+\frac{\lambda^2}{18(t+s)}(n_1^b-n_2^b)^2-\frac{\lambda}{3}(n_1^a-n_2^a)+\frac{\lambda^2}{18(t+s)}(n_1^a-n_2^a)^2+(t+s)-C_2$$

$$\sum \pi=\pi_1+\pi_2=\frac{\lambda^2}{9(t+s)}(n_1^b-n_2^b)^2+\frac{\lambda^2}{9(t+s)}(n_1^a-n_2^a)^2+2(t+s)-C_1-C_2$$

结论 3：分析服务商最大化总利润不难发现，当服务商 1 和服务商 2 在 A 边市场和 B 边市场中的用户规模完全相等时，其最大化利润值最小。换言之，市场中厂商的竞争程度越激烈，行业的整体利润就越低，行业整体利润将更加依赖厂商的差异化水平和用户黏性。

启示 3：结论 3 有助于理解现阶段在跨境支付市场中伴随着政府资格管制的降低市场进入者逐渐增多，市场竞争日趋激烈的情况下，服务商为何日益注重产品差异化和用户黏性的提升。同时，作为市场调节者的政府部门也通过采取业务竞争限制的方式维持市场主体业务差异化，进而防止行业整体利润过低，导致市场主体退出，或潜在市场进入者失去进入动机。

将 P_1^a、P_1^b、P_2^a、P_2^b、x_1^a、x_1^b、x_2^a、x_2^b 代入用户的效用函数，并计算企业利润最大化时所有用户的总剩余：

$$\sum U=\sum U^a+\sum U^b$$

$$\sum U=\int_0^{n_1^a}U_1^a dx+\int_{n_1^a}^{n^a}U_1^a dx+\int_0^{n_1^b}U_1^b dx+\int_{n_1^b}^{n_1^b}U_1^b dx$$

$$\sum U=\left[u_0-\frac{3}{2}(t+s)\right](n^a+n^b)+\lambda n^a n^b$$

据此可以进一步得到社会总福利：

$$W=\sum \pi+\sum U$$

$$W=\frac{\lambda^2}{9(t+s)}(n_1^b-n_2^b)^2+\frac{\lambda^2}{9(t+s)}(n_1^a-n_2^a)^2+2(t+s)-C_1-C_2+$$

$$\left[u_0-\frac{3}{2}(t+s)\right](n^a+n^b)+\lambda n^a n^b$$

对 W 求关于 λ 的偏导数可以得到：

$$\frac{\partial W}{\partial \lambda}>0$$

结论4：网络交叉外部性对社会总福利具有正向影响。

启示4：政府部门作为市场监管者和社会福利规划者，在推进市场有序发展的过程中必须注重网络交叉外部性的作用。具体而言，在推进跨境支付市场的发展过程中，应该加强跨境支付金融基础设施的建设、完善跨境支付监管的法律法规、支持市场主体开展业务模式和支撑技术创新等，以提升跨境支付业务的网络交叉外部性的强度。

3.4 本章小结

本章介绍了跨境支付与跨境支付市场。按照时间脉络对我国跨境支付市场的发展历程进行了回顾，将我国跨境支付市场划分为六个发展阶段。将我国跨境支付市场发展的前五个历史时期的市场结构先后划分为完全竞争市场、政府垄断市场、商业银行垄断市场和商业银行垄断市场下非银行支付机构参与竞争的市场。在分析我国现阶段跨境支付市场结构时，从政府管制、服务商群组与产品差异、市场势力等维度对我国跨境支付市场特征进行了分析，并发现难以将我国跨境支付市场划分为现有市场结构理论中提及的市场结构。本书提出了有限垄断竞争的市场结构，即市场中的厂商既是有限垄断者又是有限竞争者，分析了有限垄断市场结构的形成机制。并从平台经济视角，基于霍特林模型对有限垄断竞争的跨境支付市场中网络外部性、定价差异等问题进行了探讨。

4 跨境支付服务商市场竞争策略分析

本章基于产业分工与合作的视角，结合跨境支付业务机理、政府管制和跨境支付服务商的业务实践，借助产业组织理论中的市场竞争模型和演化博弈论，对有限垄断竞争的跨境支付市场中跨境支付服务商的市场竞争策略进行分析。采用考虑网络外部性的拟线性二次效用垄断竞争模型（NEOT 模型）对我国商业银行在传统国际结算业务中的竞争策略进行分析；采用考虑产品差异化和序贯均衡的价格竞争模型，即霍特林—伯特兰—斯塔克尔伯格模型（H-S-B 模型），对商业银行服务于支付机构进而参与跨境电子商务支付与结算市场竞争的策略进行分析；基于两阶段演化博弈模型从市场进入与接纳的视角分析支付机构的跨境支付业务市场竞争策略。

4.1 基于 NEOT 模型的商业银行国际结算业务竞争策略分析

4.1.1 客观事实与假设

4.1.1.1 客观事实与模型选择

国际结算业务具有典型的网络外部性，消费者使用人数的增加将促使银行改善服务质量、扩展代理行网络、提供增值服务，通过获得规模效益弥补成本降低服务价格，进而使消费者的效用得以提升，国际结算业务还具有交叉网络外部性，当付款人或收款人使用同一家银行提供的跨境支付业务的规模数量越大时，意味着该银行所覆盖的媒介的交易对象和交易范围越广，其交易的功能越强，用户的效用也随之增加。鉴于我国国际结算市场的市场结构和国际结算业务所具有的网络外部性特征，本书将通过建立考虑网络外部性的垄断竞争模型分析商业银行的市场策略。

同时，在有限垄断市场结构下，商业银行依然是传统国际结算业务的提供商，且在位者商业银行的数量较多，产品存在差异化，具有业务资质的银行也可以自由选择是否要开展跨境支付业务。此外，虽然市场中存在具有较强市场势力的厂商，但由于个别厂商进行调整时处于同一群组的厂商也会作出调整，该厂商行为调整最终对市场的影响可以忽略不计，与垄断竞争市场具有较强的相似性，因此在探讨我国商业银行的国际结算业务时可以采用垄断竞争的相关模型。

考虑到采用拟线性二次效用函数的优越性和适用性，以及国际结算业务的网络外部性，本书将以 Ottaviano & Thisses 模型为基础，建立考虑网络外部性垄断竞争（NEOT）模型对商业银行传统的国际结算业务市场竞争策略进行分析。

4.1.1.2　基本假设

（1）消费者偏好拟凸性。假设消费者具有产品多样性的偏好，即相比于 N 个同种产品数量为 q 的消费集，消费者更偏好于包含 N 种不同产品且每种产品的数量为 q。

（2）商业银行提供具有差异化。

（3）商业银行在制定竞争策略时暂不考虑其他单一商业银行的策略影响。

（4）在已经获得国际结算业务经营资格的商业银行，可以自由选择是否从事国际结算业务。

4.1.2　消费者效用函数与商业银行利润函数

4.1.2.1　消费者效用函数

为衡量网络外部性对单个厂商市场均衡的影响，在原有的消费者多样性偏好效用函数中加入网络外部性参数 ε，其中 $\varepsilon \geqslant 0$。继而，可以得到新的消费者效用函数：

$$U = (1+\varepsilon)(\alpha\int_0^N q_i d_i - \frac{\beta}{2}\int_0^N (q_i)^2 d_i - \gamma\int_0^N\int_0^N q_i q_j d_i d_j + q_0),$$

$$a>0,\ \beta \geqslant \gamma > 0,\ \varepsilon \geqslant 0 \tag{4-1}$$

此时的消费者预算约束线并未发生改变，依然为 $\int_0^N p_i q_i d_i + q_0 = M$。此时消费者面临的效用最大化问题转化为：

$$\max_q(U) = (1+\varepsilon)(\ a\int_0^N q_i d_i - \frac{\beta}{2}\int_0^N (q_i)^2 d_i - \gamma\int_0^N\int_0^N q_i q_j d_i d_j + q_0) \tag{4-2}$$

$$\text{s. t.} \int_0^N p_i q_i d_i + q_0 = M \tag{4-3}$$

求解上述约束条件下的最优化问题，可以得到：

$$\alpha - \beta q_i - \gamma Q = \frac{1}{1+\varepsilon} p_i$$

$$\text{其中}, Q = \int_0^N q_j d_i \tag{4-4}$$

基于此，可以得到推论 1：网络外部性的存在使单个厂商的 dd 曲线整体向右移动，既定产量下单个厂商以更高的价格销售，既定价格下单个厂商可以销售更多的产品。

证明：已知 $\varepsilon \geqslant 0$，则 $1/1+\varepsilon > 0$。同时，根据第 2 章中原有的 Ottaviano & Thisses 模型：式(2-6)和式(4-4)，可以分别画出未考虑网络外部性的个别厂商面临的市场需求曲线 dd_1 和考虑网络外部性的个别厂商面临的市场需求曲线 dd_2。如图 4-1 所示，当给定产品价格 p_i^*，其产量由 q^1 上升为 q^2。当给定产品产量 q_i^*，其价格由 p^1 上升为 p^2。证毕。

4.1.2.2 商业银行利润函数

产品网络外部性对消费者的消费效用产生影响的同时，也对商业银行的利润函数产生影响。因此，假设代表性商业银行的利润函数为：

$$\prod_i = p_i q_i - C + NET(q_i)\ ,\ C > 0 \tag{4-5}$$

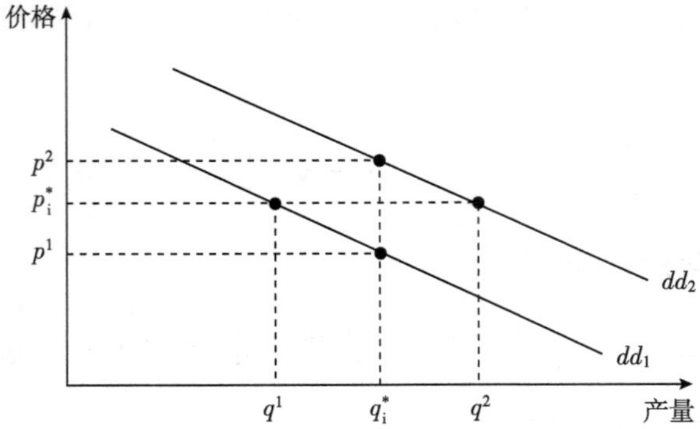

图 4-1　网络外部性下单个厂商 *dd* 曲线变化示意图

资料来源：笔者绘制。

C 表示固定费用，与产业组织理论其他模型中对边际成本的假设类似，假设边际成本为零。$NET(q_i)$ 为国际结算业务的网络外部性所带来的利润。该利润与产品销售数量成正比，即企业所销售的产品的数量越多则可以获取的网络外部性利润越多，本书采取线性函数形式描述网络外部性所带来的利润，即 $NET(q_i, N)=\varepsilon q_i$，其中 ε 为网络强度，此形式所暗含的经济学含义与实际企业经营过程中的一般经济直觉相符。因此，商业银行国际结算业务的利润函数可以写为：

$$\prod_i = p_i q_i - C + \varepsilon q_i \qquad \varepsilon \geqslant 0 \tag{4-6}$$

4.1.3　市场均衡

市场均衡状态下的商业银行利润最大化问题可以描述为：

$$\max_{p_i}(\prod_i) = p_i q_i - C + \varepsilon q_i \qquad \varepsilon \geqslant 0 \tag{4-7}$$

$$\text{s. t.} \quad \alpha-\beta q_i-\gamma Q=\frac{1}{1+\varepsilon}p_i \tag{4-4}$$

基于一阶条件下企业间的对称性可以获得均衡产量和均衡价格为：

$$q_{net}^* = \frac{\alpha+\dfrac{\varepsilon}{1+\varepsilon}}{2\beta+\gamma N} \tag{4-8}$$

$$p_{net}^{*}=\frac{\left(\alpha\beta-\frac{\varepsilon\beta}{1+\varepsilon}-\frac{\varepsilon\gamma N}{1+\varepsilon}\right)(1+\varepsilon)}{2\beta+\gamma N} \tag{4-9}$$

基于此可以得出：

推论 2：产品网络外部性的存在使市场均衡产量提高。

推论 3：产品网络外部性的存在使市场均衡价格降低。

证明：当产品不存在网络外部性时，其市场均衡的利润最大化问题为：

$$\max_{p_i}\left(\prod_i\right)=p_iq_i-C \qquad \varepsilon\geqslant 0 \tag{4-10}$$

$$\text{s.t.}\quad \alpha-\beta q_i-\gamma Q=p_i \tag{4-11}$$

基于一阶条件下企业间的对称性可以获得均衡产量和均衡价格：

$$q^{*}=\frac{\alpha}{2\beta+\gamma N} \tag{4-12}$$

$$p^{*}=\frac{\alpha\beta}{2\beta+\gamma N} \tag{4-13}$$

因为 $\varepsilon\geqslant 0$，所以可以明显看出：

$$\frac{\alpha+\frac{\varepsilon}{1+\varepsilon}}{2\beta+\gamma N}>\frac{\alpha}{2\beta+\gamma N}$$

因而，推论 2 得证。

又因为：

$$\frac{\left(\alpha\beta-\frac{\varepsilon\beta}{1+\varepsilon}-\frac{\varepsilon\gamma N}{1+\varepsilon}\right)(1+\varepsilon)}{2\beta+\gamma N}<\frac{\alpha\beta}{2\beta+\gamma N}$$

因而，推论 3 得证。

网络外部性影响下的市场均衡价格可以进一步得出：

推论 4：在网络外部性的影响下，产品的市场均衡价格可以降低为零，且临界值为 $\varepsilon=\frac{\alpha\beta}{\gamma N+\beta-\alpha\beta}$。

证明：将

$p_{net}^{*}=\frac{(\alpha\beta-\frac{\varepsilon\beta}{1+\varepsilon}-\frac{\varepsilon\gamma N}{1+\varepsilon})(1+\varepsilon)}{2\beta+\gamma N}$进一步改写为：

$$p_{net}^{*}=\frac{\alpha(1+\varepsilon)\beta-\varepsilon\beta-\gamma\varepsilon N}{2\beta+\gamma N} \tag{4-14}$$

因为 $\beta>0$、$\gamma>0$，只有保证 $\alpha(1+\varepsilon)\beta-\varepsilon\beta-\gamma\varepsilon N>0$，才能保证 $p^{*}>0$。如果 $\alpha(1+\varepsilon)\beta-\varepsilon\beta-\gamma\varepsilon N=0$，产品的市场均衡价格必定为零。此时，可以得出 $\varepsilon=\alpha\beta/\gamma N+\beta-\alpha\beta$，此值为网络外部性的临界值。当网络外部性大于该值时，产品的均衡价格将为正；当网络外部性小于该值时，产品的均衡价格将为负。

推论 5：产品网络外部性的存在可以有效增加市场均衡状态下的产品多样性。

证明：市场在达到均衡状态时其获得的均衡利润为零，因此，将市场均衡产量和均衡价格代入式(4-6)中，并令该式等于零，可以得出在均衡状态下市场中的产品种类：

$$N_{net}^{*}=\frac{\sqrt{\frac{(1+\varepsilon)\alpha^{2}\beta-\frac{\beta\varepsilon^{2}}{(1+\varepsilon)}}{C}}-2\beta}{\gamma} \tag{4-15}$$

为保证 $N_{net}^{*}>0$，需要满足两个条件：

第一个条件为：

$$(1+\varepsilon)\alpha^{2}\beta-\frac{\beta\varepsilon^{2}}{(1+\varepsilon)}>0$$

第二个条件为：

$$\sqrt{\frac{(1+\varepsilon)\alpha^{2}\beta-\frac{\beta\varepsilon^{2}}{(1+\varepsilon)}}{C}}-2\beta>0$$

首先，推导第一个条件满足需要的严格条件：

$$(1+\varepsilon)\alpha^{2}\beta-\frac{\beta\varepsilon^{2}}{(1+\varepsilon)}>0$$

即

$$[(1+\varepsilon)\alpha\beta-\beta\varepsilon]\times\left(\alpha+\frac{\varepsilon}{1+\varepsilon}\right)>0$$

又因为 $\alpha>0$、$\varepsilon>0$，所以必定有$(\alpha+\frac{\varepsilon}{1+\varepsilon})>0$。上式的条件进一步转化为：

$$(1+\varepsilon)\alpha\beta-\beta\varepsilon>0$$

即

$$0<\varepsilon<\frac{\alpha}{1-\alpha},\ 0<\alpha<1$$

第二个条件为 $N_{net}^*>N^*$ 需要满足条件的次严格条件，即只要 $N_{net}^*>N^*$ 的条件成立，必定有 $N_{net}^*>0$ 的第二个条件成立。进一步地，问题转化为求解 $N_{net}^*>N^*$ 的条件。

将 q^* 和 p^* 代入式(4-10)可较容易地求解得到均衡状态下市场中的产品种类：

$$N^*=\frac{\sqrt{\frac{\alpha^2\beta}{C}}-2\beta}{\gamma},\ \alpha>2\sqrt{\beta C} \tag{4-16}$$

显然，$N_{net}^*>N^*$，需要满足的条件为：

$$(1+\varepsilon)\alpha^2\beta-\frac{\beta\varepsilon^2}{(1+\varepsilon)}>\alpha^2\beta$$

即

$$\varepsilon<\frac{1-\alpha^2}{\alpha^2},\ \alpha>2\sqrt{\beta C}$$

又因为

$$\frac{\alpha}{1-\alpha}<\frac{1-\alpha^2}{\alpha^2}$$

因而，可以看出，产品网络外部性的存在可以有效地增加产品多样性。同时需要满足的条件为 $0<\varepsilon<\frac{1-\alpha^2}{\alpha^2}$、$\alpha>2\sqrt{\beta C}$。反之，$\frac{1-\alpha^2}{\alpha^2}<\varepsilon<\frac{\alpha}{1-\alpha}$，则 $N_{net}^*<N^*$。进

一步地，$\frac{\alpha}{1-\alpha}<\varepsilon$，则产品中的多样性将不复存在。

下面讨论产品网络外部性对 α、β、γ、N 与市场均衡状态下的产品产量和产品价格的影响。

首先，讨论产品网络外部性对 α、β、γ、N 与 q_{net}^* 之间关系的影响，求 q_{net}^* 关于 α、β、γ、N 的偏导数则有：

$$\frac{\partial q_{net}^*}{\partial \alpha}=\frac{1}{2\beta+\gamma N} \tag{4-17}$$

$$\frac{\partial q_{net}^*}{\partial \beta}=-\left(\alpha+\frac{1}{1+\varepsilon}\right)\left(\frac{2}{(2\beta+\gamma N)^2}\right) \tag{4-18}$$

$$\frac{\partial q_{net}^*}{\partial \gamma}=-\left(\alpha+\frac{1}{1+\varepsilon}\right)\left(\frac{N}{(2\beta+\gamma N)^2}\right) \tag{4-19}$$

$$\frac{\partial q_{net}^*}{\partial N}=-\left(\alpha+\frac{1}{1+\varepsilon}\right)\left(\frac{\gamma}{(2\beta+\gamma N)^2}\right) \tag{4-20}$$

其次，讨论产品网络外部性对 α、β、γ、N 与 p_{net}^* 之间关系的影响，求 p_{net}^* 关于 α、β、γ、N 的偏导数则有：

$$\frac{\partial p_{net}^*}{\partial \alpha}=\frac{(1+\varepsilon)\beta}{2\beta+\gamma N} \tag{4-21}$$

$$\frac{\partial p_{net}^*}{\partial \beta}=\frac{(1+\varepsilon)\alpha\gamma N-\gamma N\varepsilon}{(2\beta+\gamma N)^2} \tag{4-22}$$

$$\frac{\partial p_{net}^*}{\partial \gamma}=-\frac{(1+\varepsilon)\alpha\beta-\varepsilon\beta}{(2\beta+\gamma N)^2}\times N \tag{4-23}$$

$$\frac{\partial p_{net}^*}{\partial N}=-\frac{(1+\varepsilon)\alpha\beta-\varepsilon\beta}{(2\beta+\gamma N)^2}\times \gamma \tag{4-24}$$

不考虑网络外部性的条件下，α、β、γ、N 与 q^*、p^* 之间的关系，分别对 q^*、p^* 求关于 α、β、γ、N 的偏导数则有：

$$\frac{\partial q^*}{\partial \alpha}=\frac{1}{2\beta+\gamma N} \tag{4-25}$$

$$\frac{\partial q^*}{\partial \beta}=-\frac{2\alpha}{(2\beta+\gamma N)^2} \tag{4-26}$$

$$\frac{\partial q^*}{\partial \gamma}=-\frac{\alpha N}{(2\beta+\gamma N)^2} \tag{4-27}$$

$$\frac{\partial q^*}{\partial N}=-\frac{\alpha\gamma}{(2\beta+\gamma N)^2} \tag{4-28}$$

$$\frac{\partial p^*}{\partial \alpha}=\frac{\beta}{2\beta+\gamma N} \tag{4-29}$$

$$\frac{\partial p^*}{\partial \beta}=-\frac{2\alpha\beta+\gamma N\alpha-2\alpha\beta^2}{(2\beta+\gamma N)^2} \tag{4-30}$$

$$\frac{\partial p^*}{\partial \gamma}=-\frac{\alpha\beta N}{(2\beta+\gamma N)^2} \tag{4-31}$$

$$\frac{\partial p^*}{\partial N}=-\frac{\alpha\beta\gamma}{(2\beta+\gamma N)^2} \tag{4-32}$$

比较可知：$\left|\frac{\partial q^*_{net}}{\partial \alpha}\right|=\left|\frac{\partial q^*}{\partial \alpha}\right|$，$\left|\frac{\partial q^*_{net}}{\partial \beta}\right|>\left|\frac{\partial q^*}{\partial \beta}\right|$，$\left|\frac{\partial q^*_{net}}{\partial \gamma}\right|>\left|\frac{\partial q^*}{\partial \gamma}\right|$，$\left|\frac{\partial q^*_{net}}{\partial N}\right|>\left|\frac{\partial q^*}{\partial N}\right|$。

$\left|\frac{\partial p^*_{net}}{\partial \alpha}\right|>\left|\frac{\partial p^*}{\partial \alpha}\right|$，$\left|\frac{\partial p^*_{net}}{\partial \beta}\right|<\left|\frac{\partial p^*}{\partial \beta}\right|$，$\left|\frac{\partial p^*_{net}}{\partial \gamma}\right|<\left|\frac{\partial p^*}{\partial \gamma}\right|$，$\left|\frac{\partial p^*_{net}}{\partial N}\right|<\left|\frac{\partial p^*}{\partial N}\right|$。

基于此，可以得出：

推论6：网络外部性的存在，使消费者多样性的偏好程度对均衡产量的弹性不变，使消费者对单个产品的喜爱程度、产品替代性以及产品种类对均衡产量的弹性变大。

推论7：网络外部性的存在，使消费者多样性的偏好程度对均衡价格的弹性变大，使消费者对单个产品的喜爱程度、产品替代性以及产品种类对均衡价格的弹性变小。

4.1.4　商业银行国际结算市场竞争策略

本书通过构建考虑网络外部性的垄断竞争市场模型，分析了网络外部对单个企业市场面临的需求曲线、对市场均衡状态的影响进而得出了相关推论，在此基础上，本部分将基于模型分析得出相关推论，提出商业银行在国际结算市场中的竞争策略。

其一，积极利用网络外部性带来的有利影响，扩大业务规模和业务总量。

由推论 1 可以看出，国际结算业务所具有的网络外部效应会使单个银行在市场中面临的需求曲线整体向右发生平移。由推论 2 可以看出，网络外部性的存在使整个行业达到均衡状态时，产品的销售量得以提升。这意味着，国际结算业务所具有的网络外部性，对商业银行的整体经营环境的改善具有积极意义。因而，商业银行在国际结算业务市场中的竞争，应注重产品服务，优化业务流程，提高业务效率，积极扩大国际结算业务规模和业务总量，将国际结算业务所具有的网络外部性转化为经济效益。

其二，采用差别定价机制，对于具有较小网络外部性的业务采取低价策略，对于具有较高网络外部性的业务采取高价策略，以实现收益最大化。

由推论 3、推论 4 可以看出，在网络外部性的影响下，产品的市场均衡价格下降，甚至可以降低为零。商业银行在开展国际业务竞争的过程中，需要对具有不同网络外部性的国际结算业务类型的定价策略加以区分，对于具有较小网络外部性的业务种类则需要采用低价策略，甚至是零定价。在实际的国际结算业务中，银行的结售汇业务则是一个较典型的实例。现阶段，在办理实际业务时，商业银行对结售汇服务并不收取手续费，即该业务的定价为零。通过网络外部性可以解释该业务定价为零的原因，结售汇业务作为企业进行国际贸易结算的基本环节，其本身并不具有较强的网络外部性，消费者并不会从使用结售汇业务消费者数量的增加中获取相应的收益。相反，在国际范围内日益推行电子信用证的背景下，商业银行在实际业务操作中，并没有采用免费的策略。一方面，其存在业务的固定成本；另一方面，当企业使用电子信用证业务时，其存在较强的网络外部性，这是因为随着使用电子信用证的企业增多，企业利用电子信用证进行结算的范围将进一步扩大，更加有利于其结算业务的开展。同时，信用证业务也具有间接网络外部性，这是因为通过信用证业务，企业在办理国际贸易融资时将更加便捷。

其三，拓展跨境支付服务产品，满足用户的多样化、个性化需求，在业务推广过程中注重采用产品组合推广策略，提升消费者对多样性的偏爱程度。

由推论 5 可以看出，在商业银行结算业务种类方面，商业银行应积极拓展国际结算的业务种类。事实上，作为在国内结算业务领域具有领先优势的商业银行，中国银行在国际结算业务中已经采用了该策略，例如，在个人汇兑业务领域，中国银行根据个人用户资金汇款的目的地不同，分别开发了“畅享澳洲”代理见证开户服务、赴日本代理开户见证服务、赴加拿大代理开户见证服务、赴英国留学“金色年华”开户见证服务。在扩展业务种类的过程中，应积极注重提高产品的差异化，实施产品差异化策略。通过推论 6、推论 7 不难得出，产品可替代性、产品的种类对产品的均衡价格和均衡产量均存在负向作用，但产品的可替代性的弹性远大于产品种类的弹性，这意味着提高产品的差异化，降低产品的可替代性可以有效弥补产品多样化对均衡产量和均衡价格的负面作用。在业务推广方面，商业银行应积极采用组合推广策略，提升消费者对多样性的偏爱程度，降低消费者对单一业务种类的喜爱度。因为，一方面，消费者对多样的偏爱程度对产品的均衡价格和均衡产量均具有正向作用。同时，网络外部性的存在使消费者对多样性的偏爱程度及对产品均衡产量的影响程度进一步提升。另一方面，消费者对单一产品的喜爱程度，对均衡产量和均衡价格具有负向作用。同时，网络外部性的存在使其对均衡产量的影响作用被放大。

4.2 基于 H-B-S 模型的商业银行服务于支付机构的竞争策略分析

跨境电子商务支付具有小额、高频、时效性要求高的特征。商业银行直接对接跨境电商平台，为其消费者和商户提供跨境支付服务不仅会提高业务成本，同时提供的服务往往也难以满足用户需求。因此，商业银行通过与支付机构合作，为其提供相关服务则是参与跨境电子商务支付业务竞争并分享跨境电商市场蓬勃发展带来的跨境支付市场红利的最优方式。因此，下面在分析商业银行开展跨境电子商务支付竞争策略时，将基于商业银行与支付机构合作并为其提供相关服务的视角，分析商业银行间的市场竞争策略。

4.2.1 模型选择与基本假设

4.2.1.1 市场基础事实与模型选择

商业银行服务于支付机构支付业务，其业务实质为：商业银行利用自身具有的外汇结售汇资格、国际代理行网络以及国际银行间通信网络接入权限，为支付机构处理跨境电子商务中待实现跨境转移支付资金的货币汇兑、资金清算与结算。

商业银行为支付机构提供的跨境支付服务具有异质性。在我国具有即期结售汇业务运营资格的 496 家商业银行中，其结售汇业务具有同质性，但在国际代理行网络、运营成本、业务处理模式、银行品牌影响力方面具有差异性，因而商业银行为支付机构提供的跨境支付业务具有异质性。

商业银行为支付机构提供的跨境支付服务为价格竞争。商业银行在为支付机构提供跨境支付服务的过程中，特定的支付机构的业务量由支付机构本身的业务量所决定，商业银行通过采取特定的价格吸引支付机构的合作数量进而获取相应的业务量。

商业银行支付机构提供的跨境支付服务的市场竞争中商业银行的决策过程具有序贯性。在监管政策的影响下，我国支付机构的外汇业务发展历程可以大致划分为两个阶段：试点阶段和推广阶段。试点阶段为从 2013 年开始到 2019 年国家外汇管理局发布《支付机构外汇业务管理办法》；推广阶段为从 2019 年 4 月 29 日至今。因而，商业银行为支付机构的跨境支付业务提供服务也可以划分为这两个阶段。在试点阶段开展该业务的商业银行可以看作先行者企业或领导企业，在推广阶段开展该业务的商业银行则可以看作追随者企业。

基于以上市场竞争的基础事实，所选择的模型需要在模型机制中体现产品的差异性、产品的价格竞争和竞争企业的进入市场先后的顺序。鉴于此，本书采用霍特林—伯特兰—斯塔克尔伯格模型（H-B-S 模型）。该模型吸收了霍特林模型中的市场差异化定位竞争思想、伯特兰模型中的价格竞争思想和斯塔克尔伯格模型中的序贯性竞争思想。

4.2.1.2　基础假设

(1)市场中有两家银行，即银行 1 和银行 2。其中银行 1 为领导企业，银行 2 为跟随企业。市场竞争中银行 1 首先制定价格 p_1，银行 2 根据银行 1 的价格制定自身的价格 p_2。

(2)市场中的支付机构只能选择一家商业银行。

(3)银行 1 和银行 2 的跨境支付服务具有差异性，其服务的差异化位值分别为 η_1、η_2。

4.2.2　模型构建与求解

4.2.2.1　支付机构效用函数

按照考虑厂商定位差异化竞争策略的霍特林模型中对消费者的描述，本书对支付机构在霍特林—伯特兰—斯塔克尔伯格模型中的描述如下：

在一个长度为 1 的直线空间中，支付机构在[0, 1]的区间内均匀分布，其分布密度为 1，两家银行分别位于该空间的两端，其产品差异化位值分别为 η_1、η_2，$\eta_1<\eta_2$。其服务价格分别为 p_1、p_2。p_i 支付机构购买商品的单位距离成本为 t（也可以看作支付机构对某一银行的偏爱，这里假设消费对银行 1 和银行 2 的偏爱程度相同）。银行 1 为领先者，银行 2 为跟随者，两个银行在价格方面开展竞争。因而，支付机构选择银行 1 作为合作银行和选择银行 2 作为合作银行所获得的单位效用分别为：

$$u_1=\theta-p_1-t(x-\eta_1)^2$$

$$u_2=\theta-p_2-t(x-\eta_2)^2$$

其中，θ 为常数，$p_i(i=1,\ 2)$ 为产品价格，$t(x-\eta_i)^2$ 表示选择成本，其中

$(x-\eta_i)$则表示位于 x 处的消费者其实际需求与银行提供的产品之间的差异，$t(x-\eta_i)^2$ 则表示在支付机构对于跨境支付偏好为 t 时所付出的选择成本。由 $u_1=u_2$，可以得出支付机构所处的效用无差异的位置：

$$x^*=D_1(p_1,p_2)^*=\frac{(p_2-p_1)}{2t(\eta_2-\eta_1)}+\frac{(\eta_2+\eta_1)}{2} \tag{4-33}$$

$$1-x^*=D_2(p_1,\ p_2)^*=1-\left(\frac{(p_2-p_1)}{2t(\eta_2-\eta_1)}+\frac{(\eta_2+\eta_1)}{2}\right) \tag{4-34}$$

4.2.2.2 商业银行服务于支付机构跨境支付业务的利润函数

根据第 3 章对跨境支付服务商盈利渠道的介绍可知，商业银行作为跨境支付服务商，其主要的盈利渠道为三种：收取手续费、汇兑收益和融资贷款收益。由于融资贷款一般直接面向进出口企业，而本部分主要讨论跨境支付机构在与商业银行合作过程中，商业银行之间存在的竞争及对策问题，因此，主要考虑收取手续费和汇兑收益两种盈利渠道。

事实上，商业银行在办理跨境汇款时，其收取的手续费按照汇款金额和费率设定最低收费和最高收费，当汇款金额低于最低收费对应的汇款金额时，按照最低收费标准收费；当汇款金额高于最高收费对应的汇款金额时，按照最高收费标准收费。当汇款金额介于最低收费规定的金额和最高收费规定的金额时，收取的手续费为费率与汇款金额的乘积。因而，无论商业银行设置的最低收费额和最高收费额具体是多少，其实质依然是按照既定的费率收取费用，收取手续费的费率可以看作消费者每单位金额支付的价格。为此，本书在考虑商业银行收益时，将商业银行制定的收费费率作为单位金额支付的价格。其收益函数可以写作：$R=p\times q$，其中 p 为消费者支付的价格，q 为支付机构的汇款金额。

商业银行的汇兑收益主要是指商业银行在办理跨境支付业务过程中，依靠自身在外汇市场具有的信息优势和资金优势获取的汇率套利。在此并不重点讨论其获取汇率套利的渠道和方法，而是通过设定汇兑风险系数反映商业银行的汇兑收益率。一般认为，商业银行所面临的汇兑风险越大其获得的汇兑收益将越小。因而，我们设定 ξ 代表商业银行的汇兑风险，则 $-\xi$ 代表汇兑收益率。为便于行文中表述，将汇兑收益率写为 ε，即 $\varepsilon=-\xi$。

在成本方面，商业银行为支付机构办理电子商务跨境支付时主要的成本包括人员成本、电子设备成本以及缴纳的 SWFIT 系统的使用年费等，各银行间的成本差异较大，为便于描述成本在竞争策略中的作用机制，本书基于商业银行之间的产品差异化程度反映银行的成本差异化，将商业银行的单位成本表述为：$C=c\times\eta$。

基于上述描述，可以给出序贯博弈情形下，商业银行在为支付机构办理跨境电子商务支付中的利润函数：

$$\prod_i=(p_i-c\times\eta_i+\varepsilon_i)D_i(p_1,p_2)(i=1,2)$$

4.2.2.3 霍特林—伯特兰—斯塔克尔伯格(H-B-S)模型求解

在关于价格的序贯博弈中，完全信息下的博弈过程是企业 1 首先选择产品价格 $p_1\geqslant0$，企业 2 观察到企业 1 的出价 p_1 后，制定自身的价格 $p_2\geqslant0$，其实质可以看作一个关于价格的斯塔克尔伯格博弈过程。在这种情形下，企业 1 由于先出价，其无法得知企业 2 的价格，因而其价格的战略空间就是单纯地选择 p_1 以使自身的利润最大化；企业 2 的价格战略空间则是依赖于企业 1 的出价，在此基础上制定价格以使自身利润得以最大化。在求解过程中一般采用逆向求解方法，即先求解得出企业 2 实现利润最大化的出价，再将其价格代入企业的利润函数中，通过降阶求导得出企业 1 利润最大化时的价格。具体到本书所涉及的具体情形下的序贯均衡博弈，可以先求解第二阶段商业银行 2 的价格关于商业银行 1 价格的反应函数。具体如下：

已知，第二阶段商业银行 2 的利润函数为：

$$\prod_2=(p_2-c\times\eta_2+\varepsilon_2)D_2(p_1,p_2)\tag{4-35}$$

其中，

$$D_2(p_1,p_2)=1-\left(\frac{(p_2-p_1)}{2t(\eta_2-\eta_1)}+\frac{(\eta_2+\eta_1)}{2}\right)\tag{4-36}$$

将式(4-36)代入式(4-35)可得：

$$\prod_2=(p_2-c\times\eta_2+\varepsilon_2)\left[1-\left(\frac{(p_2-p_1)}{2t(\eta_2-\eta_1)}+\frac{(\eta_2+\eta_1)}{2}\right)\right] \tag{4-37}$$

则商业银行 2 的利润最大化为：

$$\max(\prod_2)=(p_2-c\times\eta_2+\varepsilon_2)\left[1-\left(\frac{(p_2-p_1)}{2t(\eta_2-\eta_1)}+\frac{(\eta_2+\eta_1)}{2}\right)\right] \tag{4-38}$$

令

$$\frac{\partial\Pi_2}{\partial p_2}=0$$

则可以得出商业银行 2 的价格关于商业银行 1 的价格的反应函数：

$$p_2=\frac{1}{2}p_1+t(\eta_1+\eta_2)-\frac{1}{2}t(\eta_2^2-\eta_1^2)+\frac{1}{2}c\eta_2-\frac{1}{2}\varepsilon_2 \tag{4-39}$$

将式（4-39）代入第一阶段中商业银行 1 的利润函数：

$$\prod_1=(p_1-c\times\eta_1+\varepsilon_1)\left[\frac{(p_2-p_1)}{2t(\eta_2-\eta_1)}+\frac{(\eta_2+\eta_1)}{2}\right] \tag{4-40}$$

则商业银行 1 的利润最大化为：

$$\max(\prod_1)=(p_1-c\times\eta_1+\varepsilon_1)\left[\frac{(p_2-p_1)}{2t(\eta_2-\eta_1)}+\frac{(\eta_2+\eta_1)}{2}\right] \tag{4-41}$$

令

$$\frac{\partial\prod_1}{\partial p_1}=0$$

则可以得出第一阶段商业银行 1 利润最大化时的价格策略：

$$p_1^s=t(\eta_2-\eta_1)+\frac{1}{2}t(\eta_2^2-\eta_1^2)+\frac{1}{2}c(\eta_2+\eta_1)-\frac{1}{2}(\varepsilon_1+\varepsilon_2) \tag{4-42}$$

将式（4-42）代入式（4-38）中可以得到第二阶段商业银行 2 的利润达到最大化时的价格：

$$p_2^s=\frac{3}{2}t(\eta_2-\eta_1)-\frac{1}{4}t(\eta_2^2-\eta_1^2)+\frac{3}{4}c\eta_2+\frac{1}{4}c\eta_1-\frac{3}{4}\varepsilon_2-\frac{1}{4}\varepsilon_1 \tag{4-43}$$

将式（4-42）和式（4-43）代入 $D_1(p_1,\ p_2)$ 中可以求出：

$$x^*=D_1(p_1,p_2)^*=\frac{1}{4}+\frac{1}{8}(\eta_2+\eta_1)+\frac{\frac{1}{4}[(\eta_2-\eta_1)-(\varepsilon_2-\varepsilon_1)]}{2t(\eta_2-\eta_1)} \tag{4-44}$$

$$1-x^*=D_2(p_1,p_2)^*=\frac{3}{4}-\frac{1}{8}(\eta_2+\eta_1)-\frac{\frac{1}{4}[(\eta_2-\eta_1)-(\varepsilon_2-\varepsilon_1)]}{2t(\eta_2-\eta_1)} \tag{4-45}$$

将式(4-42)和式(4-44)代入式(4-41)可以得第一阶段商业银行 1 的利润最大化表达式，经过一系列简单数学运算，其表达式可以整理为：

$$\prod\nolimits_1=\left(\frac{1}{4}t+\frac{1}{8}c+\frac{1}{8}+\frac{1}{16t}c\right)(\eta_2-\eta_1)+\left(\frac{1}{4}t+\frac{c}{16}+\frac{1}{16}\right)(\eta_2^2-\eta_1^2)-$$
$$\left(\frac{1}{4}t+\frac{c}{16}+\frac{1}{16}\right)(\varepsilon_2-\varepsilon_1)-\frac{(\varepsilon_2-\varepsilon_1)}{8}(\eta_2+\eta_1)+$$
$$\frac{1}{16}t(\eta_2^2-\eta_1^2)(\eta_2+\eta_1)+\frac{(\varepsilon_2-\varepsilon_1)^2}{16t(\eta_2-\eta_1)} \tag{4-46}$$

将式(4-43)和式(4-45)代入式(4-38)可以求得第二阶段商业银行 2 的利润最大化表达式，经过一系列简单数学运算，其表达式可以整理为：

$$\prod\nolimits_2=\left(\frac{9}{8}t-\frac{3}{16}c-\frac{3}{16}+\frac{1}{32t}c\right)(\eta_2-\eta_1)+\left(-\frac{3}{8}t+\frac{c}{32}+\frac{1}{32}\right)(\eta_2^2-\eta_1^2)+$$
$$\left(\frac{3}{16}-\frac{1}{32t}+\frac{3}{16}-\frac{c}{32t}\right)(\varepsilon_2-\varepsilon_1)-\frac{(\varepsilon_2-\varepsilon_1)}{16}(\eta_2+\eta_1)+$$
$$\frac{1}{32}t(\eta_2^2-\eta_1^2)(\eta_2+\eta_1)+\frac{(\varepsilon_2-\varepsilon_1)^2}{32t(\eta_2-\eta_1)} \tag{4-47}$$

4.2.3 模型分析与讨论

为更好地分析关于价格的序贯博弈下的市场均衡与关于价格的同时博弈下的市场均衡的差异，本书给出关于价格的同时博弈下的市场均衡。在同时博弈中，企业 1 和企业 2 同时出价以实现其利润最大化。因此，在博弈过程中，其均衡实质上为伯特兰模型的纳什均衡。

计算式(4-46)和式(4-47)分别关于 p_2、p_1 的偏导数，即令

$$\begin{cases}\dfrac{\partial \Pi_2}{\partial p_2}=0\\ \dfrac{\partial \Pi_1}{\partial p_1}=0\end{cases}$$

可以得出：

$$p_1^B=\frac{1}{2}p_2+t(\eta_1+\eta_2)+\frac{1}{2}t(\eta_2^2-\eta_1^2)+\frac{1}{2}c\eta_1-\frac{1}{2}\varepsilon_1 \tag{4-48}$$

$$p_2^B=\frac{1}{2}p_1+t(\eta_1+\eta_2)-\frac{1}{2}t(\eta_2^2-\eta_1^2)+\frac{1}{2}c\eta_2-\frac{1}{2}\varepsilon_2 \tag{4-49}$$

将式(4-49)代入式(4-48)中，可得：

$$p_1^B=\frac{2}{3}t(\eta_1-\eta_2)+\frac{1}{3}t(\eta_2^2-\eta_1^2)+\frac{1}{3}c\eta_2+\frac{2}{3}c\eta_1-\frac{1}{3}\varepsilon_2-\frac{2}{3}\varepsilon_1 \tag{4-50}$$

$$p_2^B=\frac{4}{3}t(\eta_1-\eta_2)-\frac{1}{3}t(\eta_2^2-\eta_1^2)+\frac{2}{3}c\eta_2+\frac{1}{3}c\eta_1-\frac{2}{3}\varepsilon_2-\frac{1}{3}\varepsilon_1 \tag{4-51}$$

将式(4-50)和式(4-51)代入式(4-33)和式(4-34)中，可以进一步求出伯特兰模型的产出均衡：

$$x^B=D_1(p_1,p_2)^B=\frac{1}{3}+\frac{1}{3}(\eta_2+\eta_1)+\frac{\frac{1}{3}[(\eta_2-\eta_1)-(\varepsilon_2-\varepsilon_1)]}{2t(\eta_2-\eta_1)} \tag{4-52}$$

$$1-x^B=D_2(p_1,p_2)^B=\frac{2}{3}-\frac{1}{6}(\eta_2+\eta_1)-\frac{\frac{1}{3}[(\eta_2-\eta_1)-(\varepsilon_2-\varepsilon_1)]}{2t(\eta_2-\eta_1)} \tag{4-53}$$

基于此，可以得到：

推论 1：关于价格的序贯博弈中，领先者银行的均衡产量相较于关于价格的同时博弈中均衡产量变小。

证明：观察式(4-44)和式(4-52)可以看出，$x^*=\frac{3}{4}x^B$，又因为 $x^*>0$，$x^B>0$，所以必定有 $x^*<x^B$。因而，推论 1 得到验证。

推论 2：关于价格的序贯博弈中，跟随者银行的均衡产量相较于关于价格的同时博弈中均衡产量变大。

证明：已知 $x^*>x^B$，$x^*>0$，$x^B>0$，则 $1-x^*>1-x^B$，因而推论2得到验证。

同时可以看出，在序贯博弈中，跟随者企业由于可以更好地观测到企业的出价，使其对市场的了解更为深入，并基于此获得超额产出。这与张维迎(2004)讨论斯塔克尔伯格模型时指出的如果企业在序贯博弈中选择价格作为竞争手段，则跟随者企业将获得“后动优势”的论断相一致。

进一步地，分析关于价格的序贯博弈中领先者银行达到利润最大化时的均衡价格与同时博弈中的均衡价格的关系。分析 p_1^s、p_1^B 的数量关系可得：

$$p_1^B=\frac{2}{3}p_1^s+\frac{1}{3}c\eta_1-\frac{1}{3}\varepsilon_1 \tag{4-54}$$

用 p_1^s 分别减去等式两侧，可以得出：

$$p_1^s-p_1^B=p_1^s-\frac{2}{3}p_1^s+\frac{1}{3}c\eta_1-\frac{1}{3}\varepsilon_1$$

$$p_1^s-p_1^B=\frac{1}{3}p_1^s-\frac{1}{3}c\eta_1+\frac{1}{3}\varepsilon_1$$

$$p_1^s-p_1^B=\frac{1}{3}(p_1^s-c\eta_1+\varepsilon_1)$$

又$(p_1^s-c\eta_1+\varepsilon_1)>0$，这是因为如果$(p_1^s-c\eta_1+\varepsilon_1)<0$，则领先者银行的最大化市场利润为负，则对于领先者银行而言是非理性的。因而，必定有$(p_1^s-c\eta_1+\varepsilon_1)>0$。进而 $p_1^s-p_1^B=\frac{1}{3}(p_1^s-c\eta_1+\varepsilon_1)>0$，即 $p_1^s>p_1^B$。

基于此，可以得到推论3：对于领先者银行而言，在关于价格的序贯博弈中，其利润最大化时的市场均衡价格大于同时博弈中的市场均衡价格。

继而，分析关于价格的序贯博弈中跟随者银行达到利润最大化时的均衡价格与同时博弈中的均衡价格的关系。分析 p_2^s、p_2^B 的数量关系可得：

$$p_2^B=\frac{8}{9}p_2^s-\frac{1}{9}t(\eta_2^2-\eta_1^2)+\frac{1}{9}c\eta_1-\frac{1}{9}\varepsilon_1 \tag{4-55}$$

用 p_1^s 分别减去等式两侧，可以得出：

$$p_2^s-p_2^B=\frac{1}{9}p_2^s+\frac{1}{9}t(\eta_2^2-\eta_1^2)-\frac{1}{9}c\eta_1+\frac{1}{9}\varepsilon_1$$

$$p_2^s-p_2^B=\frac{1}{9}[p_2^s+t(\eta_2^2-\eta_1^2)-c\eta_1+\varepsilon_1]$$

$$p_2^s-p_2^B=\frac{1}{9}[p_2^s+t(\eta_2^2-\eta_1^2)-c\eta_1+\varepsilon_1]$$

$$p_2^s-p_2^B=\frac{1}{9}[p_2^s+t(\eta_2^2-\eta_1^2)-p_1^s+p_1^s-c\eta_1+\varepsilon_1]$$

其中，$p_1^s-c\eta_1+\varepsilon_1>0$，经过计算可知，$p_2^s+t(\eta_2^2-\eta_1^2)-p_1^s>0$。所以，$p_2^s-p_2^B>0$。

基于此，可以得出推论4：对于跟随者银行而言，在关于价格的序贯博弈中，其利润最大化时的市场均衡价格大于同时博弈中的市场均衡价格。

由推论2和推论4可以进一步得出推论5：在关于价格的序贯博弈中，市场均衡状态下，跟随者银行可以获得的市场最大化利润将高于在关于价格的同时博弈中，市场均衡状态下，跟随者银行可以获得的市场最大化利润。

在关于价格的序贯博弈中，所得到的商业银行利润最大化的市场均衡价格和市场均衡产量最终可以表示为商业银行产品差异化、差异化程度和汇兑收益系数的函数。为揭示产品差异化对市场的影响，本书分别对领先者银行和跟随者银行求关于产品差异化程度的二阶混合偏导。通过计算可知：

$$\frac{\partial^2\Pi_1}{\partial\eta_1\partial\eta_2}=\frac{(\varepsilon_2-\varepsilon_1)^2}{8t(\eta_2-\eta_1)^3}+\frac{t(\eta_2-\eta_1)}{8} \tag{4-56}$$

$$\frac{\partial^2\Pi_2}{\partial\eta_2\partial\eta_1}=\frac{-(\varepsilon_2-\varepsilon_1)^2}{16t(\eta_2-\eta_1)^3}-\frac{t(\eta_2-\eta_1)}{16} \tag{4-57}$$

对比发现：$\frac{\partial^2\Pi_1}{\partial\eta_1\partial\eta_2}>0$，$\frac{\partial^2\Pi_2}{\partial\eta_1\partial\eta_2}<0$，$\left|\frac{\partial^2\Pi_1}{\partial\eta_1\partial\eta_2}\right|>\left|\frac{\partial^2\Pi_2}{\partial\eta_1\partial\eta_2}\right|$。

基于此，可以得到推论6：跟随者的差异化策略对领先者的差异化策略效果的影响程度大于领先者的差异化策略对跟随者差异化策略效果的影响程度。同时，跟随者的差异化策略对领先者的差异化策略效果有正向影响，领先者的差异化策略对跟随者差异化策略效果有负向影响。换言之，跟随者的差异化系数越大，领先者的差异化策略产生的效果越大；领先者的差异化系数越大，则跟随者的差异化策略产生的效果越小。

证明：领先者的差异化策略对其最大化利润的影响程度可以用 $\partial\prod_1/\partial\eta_1$ 表示，跟随者的差异化策略对其最大化利润的影响程度可以用 $\partial\prod_2/\partial\eta_2$ 表示。则跟随者的差异化策略对领先者差异化策略的效果的影响则可以进一步表示为 $\partial^2\prod_1/\partial\eta_1\partial\eta_2$，领先者的差异化策略对跟随者差异化策略效果的影响程度则可以进一步表示为 $\partial^2\prod_2/\partial\eta_2\partial\eta_1$。又因为，$\partial^2\prod_1/\partial\eta_1\partial\eta_2>0$，$\partial^2\prod_2/\partial\eta_1\partial\eta_2<0$，$|\partial^2\prod_1/\partial\eta_1\partial\eta_2|>|\partial^2\prod_2/\partial\eta_1\partial\eta_2|$，所以，推论 6 得到验证。

为进一步分析汇兑收益以及汇兑风险对领先者银行和跟随者银行的影响，本书对领先者银行和跟随者银行的市场均衡价格、市场均衡产量求关于汇兑收益系数的偏导，其结果如下：

$$\frac{\partial p_1^s}{\partial\varepsilon_1}=-\frac{1}{2} \tag{4-58}$$

$$\frac{\partial p_2^s}{\partial\varepsilon_2}=-\frac{3}{4} \tag{4-59}$$

$$\frac{\partial D_1(p_1,p_2)^*}{\partial\varepsilon_1}=\frac{1}{4} \tag{4-60}$$

$$\frac{\partial D_2(p_1,p_2)^*}{\partial\varepsilon_2}=\frac{1}{4} \tag{4-61}$$

继而，考察汇兑收益对均衡利润的交叉影响：

$$\frac{\partial^2\prod_1}{\partial\varepsilon_1\partial\varepsilon_2}=-\frac{1}{8t(\eta_2-\eta_1)}<0 \tag{4-62}$$

$$\frac{\partial^2\prod_2}{\partial\varepsilon_2\partial\varepsilon_1}=-\frac{1}{16t(\eta_2-\eta_1)}<0 \tag{4-63}$$

对比式(4-62)和式(4-63)可以发现：

$$\left|\frac{\partial^2\prod_1}{\partial\varepsilon_1\partial\varepsilon_2}\right|>\left|\frac{\partial^2\prod_1}{\partial\varepsilon_1\partial\varepsilon_2}\right|$$

基于此，可以得到：

推论 7：汇兑收益的存在可以有效降低市场均衡价格。同时，跟随者的汇兑收益对其均衡价格的影响程度高于领先者的汇兑收益对其均衡价格的影响程度。

推论 7′：汇兑风险的存在使市场均衡价格提高。同时，跟随者的汇兑风险对其均衡价格的影响程度高于领先者的汇兑风险对其均衡价格的影响程度。

推论 8：汇兑收益的存在可以有效提高市场均衡产量。

推论 8′：汇兑风险的存在使市场均衡产量降低。

推论 9：跟随者的汇兑收益系数对领先者的汇兑边际利润的影响程度大于领先者的汇兑收益系数对跟随者汇兑边际利润的影响程度。

推论 9′：跟随者的汇兑风险对领先者的汇兑边际损失的影响程度大于领先者的汇兑风险对跟随者汇兑边际损失的影响程度。

事实上，推论 7、推论 7′和推论 8、推论 8′揭示了一个广泛存在的事实，即商业银行在提供中间服务的过程中，其自身面临的业务风险越大，其收取的费用越高，如果商业银行通过中间服务可以获得额外收益，则其收取的费用越低。这是因为，业务风险增加了潜在的成本，商业银行通过价格机制将其转嫁于消费者；同时，潜在的额外收益降低了成本，通过价格机制提高了消费者的福利。商业银行提供具有潜在业务风险的业务时，更加倾向于减少业务量以减少利润损失。商业银行提供具有额外收益的业务时，更加倾向于增加业务量以增加额外利润。

推论 9 和推论 9′则说明，商业银行的汇兑收益的获取能力直接对另一家商业银行汇兑边际收益率产生影响。跟随者银行汇兑收益能力的提高会有效降低领先者银行的汇兑收益率。

4.2.4 商业银行服务于支付机构的市场竞争策略

基于我国支付机构开展外汇业务已有的实践过程中已形成的市场格局，本书利用霍特林—伯特兰—斯塔克尔伯格（H-B-S）模型对商业银行与支付机构合作过程中存在的商业银行之间的竞争关系进行刻画，建立了一个完美信息下关于价格的序贯博弈模型。通过模型求解得到了商业银行在序贯博弈中的市场均衡价格、均衡产量和均衡利润。进一步对模型进行了分析和讨论并得出了相关推论。基于这些推论，商业银行在开展跨境电商结算业务过程中的市场竞争策略如下：

其一，跟随者银行应该积极与支付机构接触，争取与其合作的机会，以扩展其在该中的市场份额。通过推论 2、推论 4、推论 5 可以看出，作为后进入的商业银行在序贯博弈中具有“后动优势”，相比于同时进入市场开展市场竞争，其具有信息优势，可以更加明确地探知领先者银行在与支付机构合作过程中所采取的价格策略，并根据其价格策略制定自身的价格竞争策略。

其二，领先者银行应充分利用自身所具有的时间优势，以低价策略，积极扩大市场份额；待到跟随者银行逐渐进入市场中，并与自身开展业务竞争的时候，可以通过适当的提价策略以实现利润的最大化。通过推论 1、推论 3 可以看出，领先者商业银行在关于价格的序贯博弈中相比于同时博弈，其市场的均衡价格得到了有效提升、市场均衡产量则下降，因此，其应该充分利用先进入市场所带来的优势，抢占市场份额，在跟随者银行进入市场之后，其业务量伴随着市场竞争加剧而下降的过程中，通过适当地提高价格以保证利润的最大化。

其三，无论是领先者银行还是跟随者银行，都应该注重产品的差异化。由于产品差异化成本以及汇兑收益的存在使商业银行产品差异化的策略对其自身的影响机制并不十分明确，其作用的发生机制受到了自身成本和汇兑收益的影响，但通过推论 6 不难看出，商业银行的产品差异化定位策略对其竞争对手的影响机制却十分清晰。其可以通过调整自身的产品差异化定位影响竞争对手的差异化定位所带来的收益，以实现达到自身战略的目的。另外，从支付机构效用最大化的角度考虑，无论是领先者银行还是跟随者银行，其产品的差异化策略都应该尽量降低支付机构的选择成本，使其产品具有的差异化特质更加接近支付机构的使用偏好。从实际业务角度出发，商业银行在与支付机构合作开展跨境电商支付业务的过程中，应调整和优化其业务流程和运营模式，以适应支付机构的业务需求。

其四，商业银行在服务于支付机构业务的过程中，应积极提高其汇兑风险应对能力，充分利用其自身所具有的外汇市场信息优势，获取汇兑收益。通过推论 7′、推论 8′不难看出，汇兑风险的存在会有效提高产品的均衡价格，但这种均衡价格的提升并不是由于市场竞争机制的优化带来的，而是直接通过转嫁给消费者实现的，一旦存在“买方强势”，这种转嫁机制必定难以实现，进而导致利润受损。同时汇兑风险的存在会使其自身减少业务量，以尽量避免损失，这直接会导致消费者（支付机构）的市场需求难以得到满足，市场的运行效率降低。而通过推论 7、推论 8 不难看出汇兑收益的存在可以有效降低市场的均衡价格、提升均衡产量，这种均衡价格的降低是通过获取额外的业务收益所弥补的，对市场竞争机制并没有破坏作用，同时可以满足消费者的市场需求，有效提升消费者的消费者剩余。同时，正如推论 9 和推论 9′所揭示的，汇兑收益作为一种影响竞争对手的竞争策略作用机制的竞争手段，跟随者银行更应该加以重视，通过汇兑收益的提升不仅可以有效提升自身所获取的市场份额，更会降低领先者银行汇兑收益的边际利润率。

4.3 基于两阶段演化博弈模型的支付机构竞争策略分析

我国支付机构跨境支付业务主要面向跨境电子商务，为消费者提供小额、便民的跨境资金转移服务，为跨境电子商务运营商户提供跨境收付款以及资金的跨境结算与清算服务。支付机构作为新兴的市场主体开展跨境支付业务依然处于上升期，伴随着国家资格限制的放松，必将有更多支付机构进入跨境支付市场中。同时，支付机构的跨境支付业务与跨境电商市场的发展息息相关，未来跨境电子商务市场的发展将成为影响支付机构是否进入跨境支付市场的主要因素。基于此，本部分将基于跨境电子商务与跨境支付业务深度融合的现实基础，从市场进入与接纳的视角分析，采用两阶段演化博弈模型分析支付机构在跨境支付业务市场中的竞争策略。

4.3.1 现实背景与客观事实

4.3.1.1 跨境支付与跨境电子商务生态的融合

自 2013 年我国开展支付机构跨境支付业务试点以来，获得政府监管部门许可的支付机构与跨境电子商务的业务生态相融合的趋势越发明显。这也是我国支付机构跨境支付业务的突出特征，其主要原因有以下两个方面：

第一，政府监管部门政策导向。在支付机构跨境支付业务领域具有重要意义的监管以及引导政策主要包括：2013 年 2 月 1 日，国家外汇管理局发布的《支付机构跨境电子商务外汇支付业务试点指导意见》；2014 年 6 月 11 日，中国人民银行发布的《中国人民银行贯彻落实〈国务院支持外贸增长意见〉的指导意见》，将支付机构跨境人民币支付业务全面放开；2015 年 1 月 20 日，国家外汇管理局发布的《支付机构跨境外汇支付试点意见》；2019 年 4 月 29 日，国家外汇管理局发布的《支付机构外汇业务管理办法》。对以上文件进行分析不难看出，政府监管部门在制定有关支付机构跨境支付业务的过程中，所强调的业务背景都是跨境电子商务或跨境电子贸易，相关政策制定的出发点都是通过规范和引导支付机构的跨境支付业务推进跨境电子商务的发展。

第二，支付机构跨境支付市场的萌发源于跨境电子商务中的支付需求，跨境支付是完成跨境电子商务交易必不可少的环节。跨境电子商务支付具有高频、小额、时效性要求强的特点，而传统的银行跨境支付业务模式周期长、手续烦琐、费用高、支付服务便捷性差使其难以满足跨境电子商务的需求，支付机构在电子商务支付方面具有良好的业务积淀，可以深入跨境电子商务的业务生态之中，为商家、消费者提供良好的跨境支付解决方案及相关支付工具，将跨境支付的资金流与跨境电子商务中的商务信息流和产品物流有机结合，大大提高了跨境电子商务的支付便利度。支付机构跨境支付业务的实质在于为跨境电子商务的参与者与银行之间搭建了聚合接口，利用自身的业务优势、技术优势解决两者之间的结构性供需矛盾，如国内的支付宝、财付通以及连连支付等小型支付机构。

我国支付机构的跨境支付与跨境电子商务深入融合，也使支付机构在开展跨境支付业务竞争的过程中倚重于跨境电子商务的发展，其市场规模的扩大首先要建立在跨境电子商务得以发展的基础之上。

4.3.1.2 跨境电子商务市场进入及接纳

伴随着电子商务在全球范围的兴起，跨境电子商务也得到了快速发展。网经社发布的数据显示，2019 年我国跨境电子商务的总体规模已经超过了 10 万亿元，其增长率较前几年虽有所下降，但依然保持着两位数的增长，达到了 16. 66%。2001~2019 年我国跨境电子商务的发展趋势如图 4-2 所示。

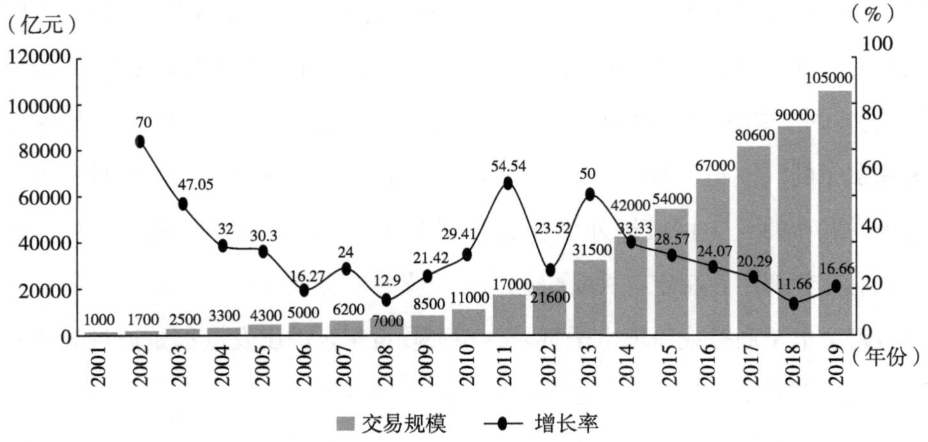

图 4-2　2001~2019 年我国跨境电子商务发展

资料来源：网经社。

未来，在全球贸易数字化转型的时代背景下，叠加“一带一路”倡议的深入推进，在相关国家法律法规的规范下，我国的跨境电子商务将依然保持较高的增长率。同时，在经济转型发展、经济利益刺激以及各级政府的大力推进和扶持下，将会有更多的企业进入跨境电子商务市场。

跨境电子商务平台无论在交易规模还是在日均浏览量方面都具有极大的优势，跨境电商平台发挥着重要作用（陶涛等，2015）。因此，跨境电商市场的进入与接纳问题其核心便是考虑跨境电商平台的进入与接纳问题。在该问题中涉及的行为决策主体有两个，即进入者跨境电商平台企业和在位者跨境电商平台企业。进入者的策略包括进入和不进入，在位者的策略则为接纳和不接纳。跨境支付市场进入者企业和在位者企业博弈行为策略如表 4-1 所示。

表 4-1 跨境电子商务市场进入者企业和在位者企业博弈行为策略

	在位者企业	
进入者企业	（进入，接纳）	（进入，不接纳）
	（不进入，接纳）	（不进入，不接纳）

资料来源：笔者绘制。

在表 4-1 中，进入者企业是指尚未开展跨境电子商务业务的电商平台或者有动机进入跨境电子商务市场从事跨境电子商务平台运营的企业。在位者企业是指已经开展跨境电子商务业务的电商平台。进入者企业的进入策略是指进入者企业通过服务差异化或者其他方式进入市场，不进入策略则是指进入者企业放弃进入跨境电子商务市场。在位者的接纳策略可以具化为在位者企业不对潜在进入者进入行为进行干预，不接纳策略则是在位者企业通过其具有的在位优势对潜在进入者的进入行为进行干预，其策略包括采用价格补贴、渠道限制等正当和非正当的挤压行为。

市场主体不同策略支付函数如下：①在位者跨境电商平台支付函数。在没有进入者进入市场时，其独自享有全部收益。当进入者进入市场时，在位者如果采取接纳策略，收益会因进入者进入市场而减少，但进入者进入市场后，会进一步增加市场的差异性，丰富市场交易模式和商品、服务，增加消费者对跨境电子商务消费模式的黏性，进而会促进整个跨境支付市场的繁荣，并增加整个市场的收益。作为市场的参与者，在位者跨境电商平台也可以从中分享由进入者进入市场带来的增量收益。反之，如果采取不接纳策略，其将享有全部收益，但也会损失由新进入者进入市场而带来的增量收益。在成本方面，采取接纳策略的在位者需要为获取新的市场增量收益付出必要的改造成本，而采取不接纳策略则不需要付出此成本。②进入者跨境电商平台支付函数。进入者跨境电商平台，如果不进入市场则不需要付出任何成本，也不会有任何收益。当其选择进入市场时，如果在位者企业采用接纳策略，则其将获得进入市场后的收益，该收益主要包括三个方面：一是进入者在进入市场后通过业务推广获得的新用户并由此带来的收益以及差异化策略带来的收益；二是从在位者企业获得转移用户并由此带来的收益；三是分享的市场增量收益，同时在位者付出的成本主要为网站开发等固定成本和相关的运营成本。反之，如果在位者企业采用不接纳策略，则其获取的市场进入收益主要包括两个方面：一是进入者在进入市场后通过业务推广获得的新用户并由此带来的收益以及差异化策略带来的收益；二是从在位者企业获得转移用户并由此带来的收益，但由于在位者采用不接纳策略，进入者获取的用户转移收益会小于在位者采用接纳策略时进入者获取的用户转移收益。

4.3.1.3　支付机构跨境电子商务支付市场进入及接纳

支付机构进入跨境支付电商支付市场的动机如下：①政府市场进入管制资格放松。2019 年 4 月 29 日，国家外汇管理局发布了《支付机构外汇业务管理办法》，将支付机构开展外汇业务由“申请—审批”制改为了“申请—备案”制，只要前期获得了支付机构业务许可证的机构都可以在满足开展跨境支付业务要求的前提下，申请和开展跨境外汇支付业务。这不仅有利于进一步推进支付机构为跨境电子商务提供服务，也放宽了支付机构开展跨境支付业务的限制，必将吸引更多的支付机构开展跨境支付业务。②跨境电子商务的发展以及不断涌现的新型跨境消费模式，为支付机构开展跨境支付业务提供了强大的市场进入动机。与跨境支付相关的后端支撑服务的不断完善和优化也为支付机构进入跨境支付市场提供了便利。在后端支撑服务中，一批境外支付机构由于难以在境内获得支付机构业务牌照，便转而通过为境内支付机构提供境外支付结算通道的方式分享境内跨境支付市场带来的收益，这些机构为境内机构提供的后端服务也为支付机构进入和开展跨境支付服务提供了便利。此外，一些起源于跨境电子商务的数据服务公司也逐渐开始利用自身具有的技术优势和信息优势从事跨境支付数据服务的工作，这些数据服务公司为支付机构开展跨境支付业务的过程降低业务风险提供了便利，进而也为新的市场主体进入跨境支付领域提供了便利。

在支付机构跨境支付业务市场的进入与接纳博弈问题中，主要的行为主体为在位者支付机构和进入者支付机构。其中，在位者支付机构的行为策略为接纳和不接纳，进入者支付机构的行为策略为进入和不进入。表 4-2 展示了跨境支付业务市场中行为主体及行为策略。

表 4-2 跨境支付业务市场进入者支付机构和在位者支付机构博弈行为策略

	在位者支付机构	
进入者支付机构	（进入，接纳）	（进入，不接纳）
	（不进入，接纳）	（不进入，不接纳）

资料来源：笔者绘制。

在表 4-2 中，在位者支付机构是指 2019 年 4 月 29 日国家外汇管理局颁布《支付机构外汇业务管理办法》出台之前已经开展跨境支付业务的支付机构。进入者支付机构是指在国家相关部门放宽跨境支付业务行政管制后，在跨境电子商务蓬勃发展的背景下，意图进入跨境支付业务市场的支付机构。

进入者支付机构的进入策略是指进入者支付机构通过服务差异化或者其他方式进入市场，而不进入策略是指进入者支付机构放弃进入跨境支付业务市场。在位者支付机构的接纳策略可以具化为在位者支付机构不对潜在进入者的进入行为进行干预，不接纳策略则是在位者支付机构利用其具有的在位优势对潜在进入者的进入行为进行干预，其策略包括采用价格补贴、渠道限制等正当和非正当的挤压行为。

伴随着国家监管部门对支付机构开展跨境支付业务准入资格限制的放松，影响行为策略主体不同策略支付函数主要因素则为经济收益和费用成本。同时，考虑到跨境支付业务对跨境电子商务的依赖性，因而在分析支付机构跨境支付市场进入与接纳博弈中的收益与费用成本时，需要结合跨境电子商务市场进入与接纳问题进行分析。

具体而言，可以根据是否有新的跨境电商平台进入市场划分为两个情形（见图 4-3）。

情形一：无新的进入者跨境电商平台企业进入跨境电商市场。在没有潜在进入者进入市场时，在位者支付机构与进入者支付机构则以服务于在位者跨境电商平台为中心开展竞争。在此种情形下，跨境支付市场的进入与接纳博弈中不同策略主体导致的收益与成本的差异较为简单，在此不做详细介绍。

情形二：有新的进入者跨境电商平台企业进入跨境电商市场。在进入者跨境电商平台企业进入跨境电商市场后，在位者一方面需要加强与在位者跨境电商企业的合作，另一方面需要进行业务扩展积极与进入者跨境电商企业合作。作为进入者支付机构，可以通过谋求与在位者跨境电商企业的合作方式进入市场，还可以通过与新的进入者跨境电商企业谋求合作的方式进入市场。

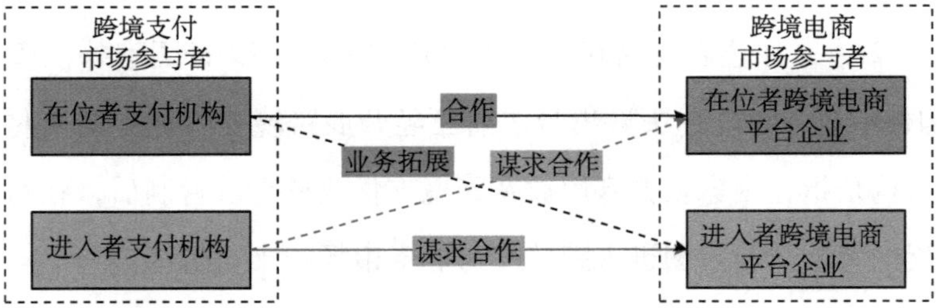

图 4-3　跨境支付市场参与者应对跨境电商市场格局变化的战略选择

资料来源：笔者绘制。

当进入者跨境电子商务平台企业进入市场后，进入者支付机构和在位者支付机构在不同的策略下获得收益及付出的成本具体如下：

进入者支付机构不进入市场获取的收益为零。进入者支付机构进入市场后，其获得的收益来源包括三个方面：①进入者支付机构为在位者跨境电商平台提供跨境支付服务并由此获得的收益；②进入者支付机构为进入者跨境电商平台提供跨境支付服务并由此获得的收益；③进入者支付机构进入跨境支付市场后，提供差异化的市场服务并由此促进了整个市场收益的增加，进入者支付机构分享的市场增量收益。进入者支付机构成本主要包括三个方面：①进入者支付机构为在位者跨境电商平台提供跨境支付并由此付出的成本；②进入者支付机构为进入者跨境电商平台提供跨境支付并由此付出的成本；③进入者支付机构为进入跨境支付市场所付出的固定投入成本和运营成本。

在位者支付机构在进入者支付机构进入市场时，如果采用接纳策略，其所获得的收益来源包括三个方面：①在位者支付机构为在位者跨境电商平台提供跨境支付服务并由此获得的收益；②在位者支付机构为进入者跨境电商平台提供跨境支付服务并由此获得的收益；③进入者支付机构进入跨境支付市场后，提供差异化的市场服务并由此促进了整个市场收益的增加，在位者支付机构分享的市场增量收益。在位者支付机构的成本主要包括两个方面：①在位者支付机构为进入者跨境电商平台提供跨境支付并由此付出的成本；②在位者支付机构为接纳进入者进入跨境支付市场所付出的成本。反之，如果采用不接纳策略，其所获得的收益来源包括两个方面：①在位者支付机构为在位者跨境电商平台提供跨境支付服务并由此获得的收益；②在位者支付机构为进入者跨境电商平台提供跨境支付服务并由此获得的收益。其成本为在位者支付机构为进入者跨境电商平台提供跨境支付服务并由此付出的成本。

在位者支付机构在进入者支付机构不进入市场时，如果采用接纳策略，其所获得的收益来源包括两个方面：①在位者支付机构为在位者跨境电商平台提供跨境支付服务并由此获得的收益；②在位者支付机构为进入者跨境电商平台提供跨境支付服务并由此获得的收益。在位者支付机构的成本主要包括两个方面：①在位者支付机构为进入者跨境电商平台提供跨境支付并由此付出的成本；②在位者支付机构为接纳进入者进入跨境支付市场所付出的成本。反之，如果采用不接纳策略，其所获得的收益来源包括两个方面：①在位者支付机构为在位者跨境电商平台提供跨境支付服务并由此获得的收益；②在位者支付机构为进入者跨境电商平台提供跨境支付服务并由此获得的收益。在位者支付机构的成本主要是在位者支付机构为接纳进入者进入跨境支付市场所付出的成本。

4.3.2 第一阶段演化博弈：跨境电子商务平台进入与接纳演化博弈

根据上文中对跨境电子商务市场进入及接纳现实问题的介绍，以及进入者跨境电子商务平台和在位者跨境电子商务平台在进入与接纳博弈问题中的行为策略，下面将首先构建跨境电商市场的潜在进入者与在位者博弈支付矩阵，其次求解跨境电子商务平台进入与接纳演化博弈问题的稳定演化策略。

4.3.2.1 博弈支付矩阵

跨境电商市场的进入者与在位者博弈支付矩阵如表 4-3 所示。

表 4-3 第一阶段跨境电商市场进入者与在位者的博弈支付矩阵

进入者 \ 在位者		决策主体：在位者跨境电商平台企业	
		接纳(y)	不接纳($1-y$)
决策主体：进入者跨境电商平台企业	进入(x)	$R_J(n,n^e,\ r)+S_J(n^{es},r^*)-F_J+(1-\alpha)\Delta R(n',n^{e'},r')$，$R_Z(n,n^e,\ r)-S_Z(n^{es},r^*)-C_Z+\alpha\Delta R(n',n^{e'},r')$	$R_J(n,n^e,\ r)+S_J(n^{es},r^*)-F_J$，$R_Z(n,n^e,\ r)-S_Z(n^{es},r^*)$
	不进入($1-x$)	$0,R_Z(n,n^e,\ r)-C_Z$	$0,R_Z(n,n^e,\ r)$

资料来源：笔者绘制。

博弈支付矩阵的相关参数及含义如下：

$R_i(n,\ n^e,\ r)$，$(i=J,\ Z)$表示潜在进入者企业和在位者企业在跨境支付市场获得的收益，其中 J 代表进入者企业，Z 代表在位者企业。该收益是企业已有用户 n_i，企业预期用户规模 n_i^e，产品或服务差异化系数 r_i 的函数。其中，$R_i(n,\ \cdot,\ \cdot)$反映了企业通过现有的用户（包括商户和消费者）获得的收益，$R_i(\cdot,\ n^e,\ \cdot)$反映了企业预期用户规模所带来的潜在收益的当前贴现值，$R_i(\cdot,\ \cdot,\ r)$反映了企业的服务差异化定位为企业带来的收益。同时，令 $\partial R_i(n,\ n^e,\ r)/\partial n_i>0$，该不等式表明企业已有的用户规模越大其获得的收益越高，这与通常的经济学直觉相符合。$\partial R_i(n,\ n^e,\ r)/\partial n_i^e>0$，该不等式表明企业潜在的用户规模越大其获得的收益越高（荆文君，2018），企业潜在用户为企业未来时期的长期经营与发展提供了用户保障，这种收益以一定的贴现系数可以反映到企业的当期收益。$\partial R_i(n,\ n^e,\ r)/\partial r_i\geqslant 0$ 且 $\partial R_i(n,\ n^e,\ r)/\partial r_i=0$ 时，$\partial^2 R_i(n,\ n^e,$

$r)/\partial^2 r_i<0$ 表明企业差异化定位对企业收益有正向促进作用，但同时存在极大值，这是因为，企业的差异化同时需要以大量的投入为基础，包括采用新的跨境电子商务技术、新的业务模式以及为培养用户消费模式的大量推广成本等，如果企业过分强调差异化，其差异化的成本将会对企业的收益产生负向作用（韦铁，2013），适当的差异化策略则对企业的收益有积极的促进作用。

$S_i(n^{es}, r^*)$，$(i=J, Z)$表示进入者企业和在位者企业获得和损失的潜在的用户转换收益。$i=J, Z$ 所代表的含义同上。该收益是预期潜在转移用户的数量 n_i^{es} 和企业产品或服务差异化定位与消费者实际需求的契合度 r_i^* 的函数。其中，$S_i(n^{es}, \cdot)$反映了在位者企业由于新的企业进入市场造成的已有用户数量转移而产生的损失或进入者企业进入市场后获取的由在位者企业转移到进入者企业的转移用户的收益；$S_i(\cdot, r^*)$反映了企业通过提供接近用户需求的差异化的产品和服务所获得的收益。同时，令 $\partial S_i(n^{es}, r^*)/\partial n^{es}>0$，该不等式表明企业转移用户数量越大，为进入者或在位者带来的用户切换收益或损失越大，$\partial S_i(n^{es}, r^*)/r^*>0$，表明企业提供的产品或服务越接近用户的实际需求，其获得的收益越大。

$\Delta R(n', n^{e'}, r')$，$(i=J, Z)$表示潜在进入者企业进入市场后，增加了产品或服务的多样性和差异化，使市场整体所提供的产品或服务更加符合消费者的市场需求，进而增加市场的整体收益。其中，n'表示市场总的用户规模，即 $n'=n_J+n_z$；$n^{e'}$表示市场总的潜在用户规模，即 $n^{e'}=n_J^{es}+n_Z^{es}$；r'表示潜在进入者企业进入市场后，市场的产品或服务与消费者需求的契合度，该变量可以用在位者企业和进入者企业的加权平均差异化定位与市场中消费者的整体差异化偏好水平的差距的导数表示，差距越大契合度越低；反之，则越高，即 $r'=1/|r_J*n_J/n'+r_Z*n_Z/n'-\bar{r}|$（$\bar{r}$ 表示消费者整体偏好水平）。$\alpha\in[0, 1]$则代表在位者企业的市场收益增量占比，$1-\alpha$ 代表进入者企业的市场收益增量占比 。令 $\Delta R(n', n^{e'}, r')/\partial n'>0$，该不等式表明潜在市场已有的用户规模越大市场增量越大。$\Delta R(n', n^{e'}, r')/\partial n^{es'}>0$，该不等式表明市场潜在的用户规模越大市场增量越大，$\Delta R(n', n^{e'}, r')/\partial r'>0$ 表明市场上的产品或服务与消费者需求的契合度越高，市场增量越大。

F_J 代表潜在进入者进入跨境电子商务市场所需要投入的成本，主要包括：固定投入成本，如网站开发成本、硬件设备、仓储物流成本等；变动成本，如用户补贴、定向推广等。此变量也体现了市场壁垒的高低，一般而言，进入者进入市场所需要投入的成本越高意味着市场的进入壁垒越高。为便于分析，不失一般性地将进入者的边际进入成本设为零。

C_Z 代表在位者为应对潜在进入者进入市场所带来的市场经营不确定性以及产品接纳所需要投入的成本，即接纳成本。在位者企业的接纳成本主要包括固定成本和变动成本。为便于分析，将在位者企业的边际接纳成本设置为零。

x 表示潜在进入者企业群体中选择进入策略的比例。

y 表示在位者企业群体中选择接纳策略的比例。

4.3.2.2　稳定演化策略分析

(1)进入者跨境电商平台企业市场的演化稳定策略分析。进入者进入跨境电商市场的期望收益为：

$$U_1=y[R_J(n,\ n^e,\ r)+S_J(n^{es},\ r^*)-F_J+(1-\alpha)\Delta R(n',\ n^{e'},\ r')]+(1-y)[R_J(n,\ n^e,\ r)+S_J(n^{es},\ r^*)-F_J] \tag{4-64}$$

进入者不进入跨境市场的期望收益为：

$$U_2=y\times 0+(1-y)\times 0=0 \tag{4-65}$$

进入者的平均期望收益为：

$$\begin{aligned}\overline{U}&=xU_1+(1-x)U_2\\&=x\{y[R_J(n,\ n^e,\ r)+S_J(n^{es},\ r^*)-F_J+(1-\alpha)\Delta R(n',\ n^{e'},\ r')]+\\&\quad(1-y)[R_J(n,\ n^e,\ r)+S_J(n^{es},\ r^*)-F_J]\}+(1-x)\times 0\end{aligned} \tag{4-66}$$

由式(4-64)、式(4-66)可以得到进入者的复制者动态方程：

$$\begin{aligned}F(x)=\frac{\mathrm{d}(x)}{\mathrm{d}(t)}&=x(U_1-\overline{U})\\&=x(1-x)\{y[R_J(n,\ n^e,\ r)+S_J(n^{es},\ r^*)-F_J+(1-\alpha)\Delta R(n',\ n^{e'},\ r')]+\\&\quad(1-y)[R_J(n,\ n^e,\ r)+S_J(n^{es},\ r^*)-F_J]\}\end{aligned} \tag{4-67}$$

令$\frac{d(x)}{d(t)}=0$，可以得出该微分方程的三个稳定解。即：

$$x^*=0,\ x^*=1,\ y^*=\frac{F_J-R_J(n,\ n^e,\ r)-S_J(n^{es},\ r^*)}{(1-\alpha)\Delta R(n',\ n^{e'},\ r')}$$

根据微分方程“稳定性定理”，只有当方程的稳定解代入复制者动态方程的一阶导数后所得的数值小于零时，该稳定解才是演化稳定解。进一步地，对$F(x)$求导可得：

$$F'(x)=(1-2x)\{(1-\alpha)\Delta R(n',\ n^{e'},\ r')\times y-[F_J-R_J(n,\ n^e,\ r)-S_J(n^{es},\ r^*)]\} \tag{4-68}$$

因此，当$y=y^*$，$F(x)=0$，$F'(x)=0$，所有x值都是稳定解，同时该博弈系统也没有演化稳定策略。在$0<F_J-R_J(n,\ n^e,\ r)-S_J(n^{es},\ r^*)/(1-\alpha)\Delta R(n',\ n^{e'},\ r)'<1$的条件下，当$y>y^*$，$x^*=0$时，$F(x^*)=0$，$F'(x^*)>0$；$x^*=1$时，$F(x^*)=0$，$F'(x^*)<0$。此时$x^*=1$，即进入策略是进入者企业的稳定演化策略。当$y<y^*$，$x^*=0$时，$F(x^*)=0$，$F'(x^*)<0$；$x^*=1$时，$F(x^*)=0$，$F'(x^*)>0$。此时$x^*=0$，即不进入策略是进入者企业的稳定演化策略。

(2)在位者跨境电商平台企业的演化稳定策略分析。在位者采取接纳策略的期望收益为：

$$V_1=x[R_Z(n,\ n^e,\ r)-S_Z(n^{es},\ r^*)-C_Z+\alpha\Delta R(n',\ n^{e'},\ r')]+(1-x)[R_Z(n,\ n^e,\ r)-C_Z] \tag{4-69}$$

在位者采取不接纳策略的期望收益为：

$$V_2=x[R_Z(n,\ n^e,\ r)-S_Z(n^{es},\ r^*)]+(1-x)[R_Z(n,\ n^e,\ r)] \tag{4-70}$$

在位者的平均期望收益为：

$$\overline{V}=yV_1+(1-y)V_2=y\{x[R_Z(n,\ n^e,\ r)-S_Z(n^{es},\ r^*)-C_Z+\alpha\Delta R(n',\ n^{e'},\ r')]+(1-x)[R_Z(n,\ n^e,\ r)-C_Z]\}+(1-y)\{x[R_Z(n,\ n^e,\ r)-S_Z(n^{es},\ r^*)]+(1-x)[R_Z(n,\ n^e,\ r)]\} \tag{4-71}$$

由式(4-70)、式(4-71)可以得到在位者的复制者动态方程：

$$F(y)=\frac{d(y)}{d(t)}=y(1-y)(x\alpha\Delta R(n',\ n^{e'},\ r')-\ C_Z) \tag{4-72}$$

令$\frac{d(y)}{d(t)}=0$，可以得出该微分方程的三个稳定解。即：

$$y^*=0,\ y^*=1,\ x^*=\frac{C_Z}{\alpha\Delta R(n',\ n^{e'},\ r')}$$

根据微分方程“稳定性定理”，只有当方程的稳定解代入复制者动态方程的一阶导数后所得的数值小于零时，该稳定解才是演化稳定解。进一步地，对$F(y)$求导可得：

$$F'(y)=(1-2y)[x\alpha\Delta R(n',\ n^{e'},\ r')-\ C_Z] \tag{4-73}$$

因此，当$x=x^*$，$F(y)=0$，$F'(y)=0$，所有y值都是稳定解，同时该博弈系统也没有演化稳定策略。

在$0<C_Z/\alpha\Delta R(n',\ n^{e'},\ r')<1$的条件下，当$x>x^*$，$y^*=0$时，$F(y^*)=0$，$F'(y^*)>0$；$y^*=1$时，$F(y^*)=0$，$F'(y^*)<0$。此时$y^*=1$，即接纳策略是在位者企业的稳定演化策略。当$x<x^*$，$y^*=0$时，$F(y^*)=0$，$F'(y^*)<0$；$y^*=1$时，$F(y^*)=0$，$F'(y^*)>0$。此时$y^*=0$，即不接纳策略是在位者企业的稳定演化策略。

基于以上分析，可以在二维平面图中得到进入者企业与在位者企业在跨境电子商务市场有关进入与接纳问题的演化相位图（见图4-4）。

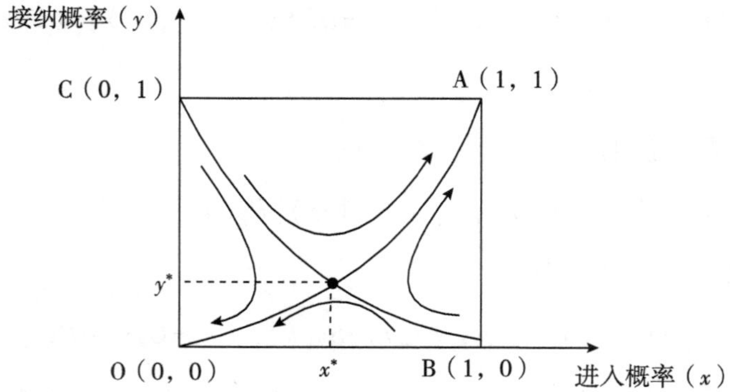

图4-4　第一阶段跨境电商市场进入与接纳演化博弈相位图

资料来源：笔者绘制。

基于以上分析，可以得到推论 1：当 $x>C_Z/\alpha\Delta R(n', n^{e'}, r')\in[0, 1]$，$y>F_J-R_J(n, n^e, r)-S_J(n^{es}, r^*)/(1-\alpha)\Delta R(n', n^{e'}, r)'\in[0, 1]$时，跨境电子商务市场潜在进入者企业与在位者企业进入与接纳演化博弈的演化稳定策略为 ESS（进入，接纳）。

4.3.3 第二阶段演化博弈：支付机构市场进入与接纳演化博弈

进一步地，根据第一阶段演化博弈的稳定演化均衡策略，结合 4.3.1 小节第 4.3.1.3 部分中所提及的情形二构建博弈支付矩阵。在本节的后续讨论中，首先将明确第二阶段的演化博弈支付矩阵；其次求解该演化博弈问题的稳定演化策略；最后通过分析相关要素对稳定演化策略的影响，指出进入者支付机构以及在位者支付机构在跨境电子商务支付业务市场的竞争策略。

4.3.3.1 博弈支付矩阵

将第二阶段在位者和进入者支付机构应对跨境电商市场格局变化所采取的措施反映于跨境支付市场的进入与接纳问题博弈中，可以构建博弈支付矩阵（见表 4-4）。

表 4-4 第二阶段跨境支付市场的进入与接纳博弈支付矩阵

在位者 / 进入者		决策主体：在位者支付机构(b)	
		接纳(θ)	不接纳($1-\theta$)
决策主体：进入者支付机构(a)	进入(τ)	$\beta M_Z+\sigma M_J+\gamma\Delta M-C_J-C_Z-C_0$，$(1-\beta)M_Z+(1-\sigma)M_J+(1-\gamma)\Delta M-T_J-T_0$	$\beta M_Z+\sigma M_J-C_J-C_Z-C_0$，$(1-\beta)M_Z+(1-\sigma)M_J-T_J$
	不进入($1-\tau$)	0，$(M_Z+M_J)-T_J-T_0$	0，$M_Z+M_J-T_J$

资料来源：笔者绘制。

博弈支付矩阵的相关参数及含义解释如下：

M_Z 为进入者和在位者支付机构通过为在位者跨境电商企业提供跨境支付服务所获取的正常收益，M_J 为进入者企业和在位者支付机构通过为进入者跨境电商企业提供跨境支付服务所获取的正常收益。进一步地，根据第 3 章对跨境支付盈利模式的介绍，将支付机构提供跨境电商支付结算服务获得的收益设置为服务费、汇兑收益和融资收益的函数，即 $M_{iw}=f[H_{iw}(p_{iw}, q_{iw}), E_{iw}(\varepsilon_w, q_{iw}), D_{iw}(n_{iw}, \mu_w)]$，$(i=Z, J; w=a, b)$。其中，$M_{iw}$ 表示不同的支付机构为不同的跨境电商企业提供跨境支付获取的收益，例如，M_{Za} 代表进入者支付机构为在位者跨境电商企业提供跨境电商支付结算服务所获取的收益，$H_{iw}(p_{iw}, q_{iw}, r)$ 代表不同的支付机构向跨境电商企业收取的服务费，该收益是支付机构为跨境电商企业提供跨境支付服务价格 p_{iw}、资金规模 q_{iw}、服务差异化定位 r 的函数，需要指出的是，支付机构除了为跨境电商企业提供资金的跨境支付外还提供了一些增值服务，如跨境支付解决方案、物流查询、通关报税等，这些服务在收费方式上并非与资金规模直接挂钩，但其仍与服务价格、资金规模以及服务差异化相关，因此在这里统一将支付机构在跨境支付业务中获取的服务费表示为服务价格、资金规模以及服务差异化的函数。$E_{iw}(\varepsilon_w, q_{iw})$ 代表不同的支付机构通过为跨境电商企业提供跨境支付服务而获取的汇兑收益，该收益是支付机构自身风险套利能力 ε_w 和为跨境电商企业提供的跨境支付的资金规模 q_{iw} 的函数。$D_{iw}(n_{iw}, \mu_{iw})$ 代表不同的支付机构为跨境电商企业及其用户提供融资服务所获取的融资收益，该收益是跨境电商企业平台覆盖用户的规模 n_{iw} 和风险控制能力系数 μ_{iw} 的函数。显然地，根据以上定义，可以得到：$M_Z=M_{Za}+M_{Zb}$，$M_J=M_{Ja}+M_{Jb}$。

此外，为便于后续分析，对表示支付机构在跨境支付市场中获得的收益的相关参数做如下假设：

(1) $\partial M_{iw}/\partial H_{iw}(p_{iw}, q_{iw})>0$，$\partial M_{iw}/\partial E_{iw}(\varepsilon_w, q_{iw})>0$，$\partial M_{iw}/\partial D_{iw}(n_{iw}, \mu_{iw})>0$，这三个不等式意味着服务费收益、汇兑收益以及融资收益与支付机构的跨境支付业务整体收益呈正相关。其暗含的经济含义与现实的实际情况相符。

(2) $\partial H_{iw}(p_{iw}, q_{iw}, r)/\partial p_{iw}>0$，$\partial H_{iw}(p_{iw}, q_{iw}, r)/\partial q_{iw}>0$，$\partial H_{iw}(p_{iw}, q_{iw}, r)/\partial r>0$，$\partial^2 H_{iw}(p_{iw}, q_{iw}, r)/\partial p_{iw}\partial r>0$，$\partial^2 H_{iw}(p_{iw}, q_{iw}, r)/\partial q_{iw}\partial r>0$，这四个不等式意味着服务价格、资金规模、产品差异化与支付机构的跨境支付的服务费收益呈正相关同时产品差异化可以通过提升服务价格和资金规模以进一步改善服务费收益。

(3) $\partial E_{iw}(\varepsilon_w, q_{iw})/\partial\varepsilon_w>0$，$\partial E_{iw}(\varepsilon_w, q_{iw})/\partial q_{iw}>0$，这两个不等式意味着支付机构开展跨境支付服务获得汇兑收益是自身风险套利能力和为跨境电商企业提供的跨境支付的资金规模的增函数。

(4) $\partial D_{iw}(n_{iw}, \mu_{iw})/\partial n_{iw}>0$，$\partial D_{iw}(n_{iw}, \mu_{iw})/\partial\mu_{iw}>0$，这两个不等式意味着支付机构开展跨境支付服务获得融资收益是跨境电商企业平台覆盖用户的规模和风险控制能力系数的函数。

β 代表进入者支付机构进入市场后，其可以从在位者跨境电商企业的跨境支付业务中分享的市场份额。$1-\beta$ 则代表进入者支付机构进入市场后，在位者支付机构可以从在位者跨境电商企业的跨境支付业务中分享的市场份额。σ 代表进入者支付机构进入市场后，其可以从进入者跨境电商企业的跨境支付业务中分享的市场份额。$1-\sigma$ 则代表进入者支付机构进入市场后，在位者支付机构可以从进入者跨境电商企业的跨境支付业务中分享的市场份额。

ΔM 代表进入者支付机构进入市场后，增加了产品或服务的多样性和差异化，使市场整体提供的产品或服务更加符合用户开展跨境电子商务的支付需求，进而增加了市场的整体收益。这部分增量市场收益也由三部分组成：增量服务费收益 $\Delta H_{iw}(p_{iw}, q_{iw}, r)$、增量汇兑收益 $\Delta E_{iw}(\varepsilon_w, q_{iw})$ 和增量融资收益 $\Delta D_{iw}(n_{iw}, \mu_{iw})$，但其核心的驱动力来源于 Δn。因此，将 ΔM 定义为 Δn 的函数，即 $\Delta M(\Delta n)$，该收益也体现了跨境支付所具有的网络效应。

γ 代表进入者支付机构进入市场后，其可以获取的跨境支付市场增量收益的份额。$1-\gamma$ 则代表进入者支付机构进入市场后，其可以获取的跨境支付市场增量收益的份额。

C_J、C_Z 分别代表进入者支付机构为达成与跨境电商市场中的进入者跨境电商平台企业以及在位者跨境电商平台企业的合作，而付出的成本。T_J 代表在位者支付机构为达成与跨境电商市场中的进入者跨境电商平台企业合作而付出的成本。C_0、T_0 分别代表进入者支付机构和在位者支付机构为进入跨境支付市场以及接纳进入者进入所付出的成本。为便于分析，不失一般性地将成本的边际成本设置为零。

4.3.3.2　稳定演化策略分析

(1)进入者支付机构的演化稳定策略分析。进入者支付机构进入跨境支付市场的期望收益为:

$$U_1=\theta(\beta M_Z+\sigma M_J+\gamma\Delta M-C_J-C_Z-C_0)+(1-\theta)(\beta M_Z+\sigma M_J-C_J-C_Z-C_0) \quad (4-74)$$

进入者支付机构不进入跨境支付市场的期望收益为:

$$U_2=\theta\times 0+(1-\theta)\times 0=0 \quad (4-75)$$

进入者支付机构的平均期望收益为:

$$\overline{U}=\tau U_1+(1-\tau)U_2=\tau[\theta(\beta M_Z+\sigma M_J+\gamma\Delta M-C_J-C_Z-C_0)+(1-\theta)(\beta M_Z+\sigma M_J-C_J-C_Z-C_0)]+(1-\tau)\times 0 \quad (4-76)$$

由式(4-80)、式(4-82)可以得到进入者支付机构的复制者动态方程:

$$F(\tau)=\frac{d(\tau)}{d(t)}=\tau(U_1-\overline{U})=\tau(1-\tau)[\theta(\beta M_Z+\sigma M_J+\gamma\Delta M-C_J-C_Z-C_0)+(1-\theta)(\beta M_Z+\sigma M_J-C_J-C_Z-C_0)] \quad (4-77)$$

令$\frac{d(\tau)}{d(t)}=0$，可以得出该微分方程的三个稳定解。即:

$$\tau^*=0,\ \tau^*=1,\ \theta^*=\frac{C_Z+C_J+C_0-(\beta M_Z+\sigma M_J)}{\gamma\Delta M}$$

根据微分方程“稳定性定理”，只有当方程的稳定解代入复制者动态方程的一阶导数后所得的数值小于零时，该稳定解才是演化稳定解。进一步地，计算$F(\tau)$关于τ的一阶导数，有:

$$F'(\tau)=(1-2\tau)\{\theta\gamma\Delta M-C_Z-C_J-C_0-(\beta M_Z+\sigma M_J)\}$$

因此，当$\theta=\theta^*$时，$F(\tau)=0$，$F'(\tau)=0$，所有τ值都是稳定解，同时该博弈系统也没有演化稳定策略。在$0<[C_Z+C_J+C_0-(\beta M_Z+\sigma M_J)]/\gamma\Delta M<1$的条件下，当$\theta>\theta^*$，$\tau^*=0$时，$F(\tau^*)=0$，$F'(\tau^*)>0$；$\tau^*=1$时，$F(\tau^*)=0$，$F'(\tau^*)<0$。此时$\tau^*=1$，即进入策略是进入者支付机构的稳定演化策略。当$\theta<\theta^*$，$\tau^*=0$时，$F(\tau^*)=0$，$F'(\tau^*)<0$；$\tau^*=1$时，$F(\tau^*)=0$，$F'(\tau^*)>0$。此时$\tau^*=0$，即不进入策略是进入者支付机构的稳定演化策略。

(2)在位者支付机构的稳定演化策略分析。在位者支付机构接纳进入者支付机构的期望收益为：

$$V_1=\tau[(1-\beta)M_Z+(1-\sigma)M_J+(1-\gamma)\Delta M-T_J-T_0]+(1-\tau)[(M_Z+M_J)-T_J-T_0] \tag{4-78}$$

在位者支付机构不接纳进入者支付机构的期望收益为：

$$V_2=\tau[(1-\beta)M_Z+(1-\sigma)M_J-T_J]+(1-\tau)[(M_Z+M_J)-T_J] \tag{4-79}$$

在位者支付机构的平均期望收益为：

$$V=\theta V_1+(1-\theta)V_2=\theta\{\tau[(1-\beta)M_Z+(1-\sigma)M_J+(1-\gamma)\Delta M-T_J-T_0]+(1-\tau)[(M_Z+M_J)-T_J-T_0]\}+(1-\theta)\{\tau[(1-\beta)M_Z+(1-\sigma)M_J-T_J]+(1-\tau)[(M_Z+M_J)-T_J]\} \tag{4-80}$$

由式(4-78)、式(4-80)可知，在位者支付机构的复制者动态方程为：

$$F(\theta)=\frac{d(\theta)}{d(t)}=\theta(V_1-V)=\theta(1-\theta)[\tau(1-\gamma)\Delta M-T_0] \tag{4-81}$$

令$\frac{d(\theta)}{d(t)}=0$，可以得出该微分方程的三个稳定解。即：

$$\theta^*=0,\ \theta^*=1,\ \tau^*=\frac{T_0}{(1-\gamma)\Delta M}$$

根据微分方程“稳定性定理”，只有当方程的稳定解代入复制者动态方程的一阶导数后所得的数值小于零时，该稳定解才是演化稳定解。进一步地，计算$F(\theta)$关于θ的一阶导数，有：

$$F'(\theta)=(1-2\theta)[\theta\tau(1-\gamma)\Delta M-T_0]$$

因此，当$\tau=\tau^*$时，$F(\theta)=0$，$F'(\theta)=0$，θ^*都是稳定解，同时该博弈系统也没有演化稳定策略。在$0<T_0/(1-\gamma)\Delta M<1$的条件下，当$\tau>\tau^*$，$\theta^*=0$时，$F(\theta^*)=0$，$F'(\theta^*)>0$；$\theta^*=1$时，$F(\theta^*)=0$，$F'(\theta^*)<0$。此时$\theta^*=1$，即接纳策略是在位者支付机构的稳定演化策略。当$\tau<\tau^*$，$\theta^*=0$时，$F(\theta^*)=0$，$F'(\theta^*)<0$；$\theta^*=1$时，$F(\theta^*)=0$，$F'(\theta^*)>0$。此时$\theta^*=0$，即不接纳策略是在位者企业的稳定演化策略。

基于以上分析，可以在二维平面图中得到进入者支付机构与在位者支付机构在跨境支付市场有关进入与接纳问题的演化相位图(见图 4-5)。

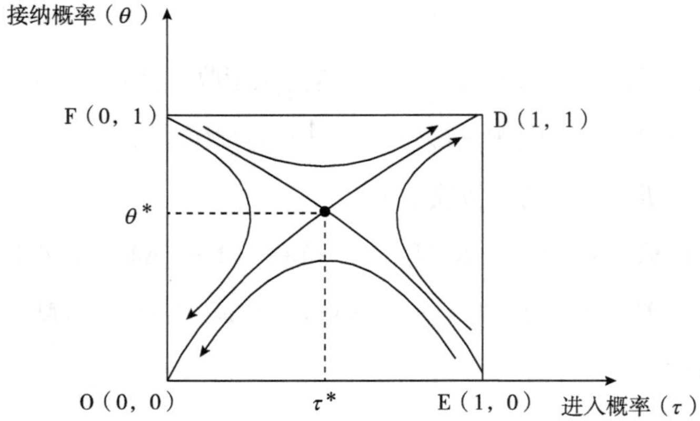

图 4-5　第二阶段跨境支付市场进入与接纳演化博弈相位图

资料来源：笔者绘制。

基于以上分析，可以得到推论 2：当 $\theta>[C_Z+C_J+C_0-(\beta M_Z+\sigma M_J)]/\gamma\Delta M\in[0,1]$，$\tau>T_0/(1-\gamma)\Delta M\in[0,1]$时，跨境支付市场的进入者支付机构与在位者支付机构进入与接纳演化博弈的演化稳定策略为 ESS(进入，接纳)。

(3)演化博弈系统鞍点分析。进一步对第二阶段的演化博弈系统的鞍点(τ^*，θ^*)进行分析可以得到以下命题：

命题 1：在位者支付机构获得的增量收益越高，越利于其选择接纳策略。

证明：当 $T_0<(1-\gamma)\Delta M$ 时，$(1-\gamma)\Delta M$ 越大意味着 $T_0/(1-\gamma)\Delta M$ 的值越小，在其他要素值不变时，此时鞍点将向左下方移动，在位者支付机构将更加倾向于采纳策略。证毕。

命题 2：进入者支付机构在进入市场后可以获取的市场份额越大，越利于其选择进入策略。进入者支付机构获得的增量收益越高，越利于其选择接纳策略。

证明：当$[C_Z+C_J+C_0-(\beta M_Z+\sigma M_J)]/\gamma\Delta M<1$ 时，进入者支付机构获取的市场份额越大，即 β 和 σ 的值越大，在其他要素值不变时，意味着$[C_Z+C_J+C_0-(\beta M_Z+$

$\sigma M_J)]/\gamma\Delta M$ 的值越小。此时鞍点将向左下方移动，进入者支付机构将更加倾向于进入策略。当$[C_Z+C_J+C_0-(\beta M_Z+\sigma M_J)]/\gamma\Delta M<1$ 时，进入者支付机构获取增量市场收益越大，即 $\gamma\Delta M$ 越大，在其他要素值不变时，意味着$[C_Z+C_J+C_0-(\beta M_Z+\sigma M_J)]/\gamma\Delta M$ 的值越小。此时鞍点将向左下方移动，进入者支付机构将更加倾向于进入策略。证毕。

命题 3：无论进入者还是在位者，服务收费、汇兑收益、融资收益的增加都会提高支付机构的市场收益，进而促进第二阶段的演化博弈的稳定策略向(进入，接纳)方向演进。

证明：由前述假设可知 $\partial M_{iw}/\partial H_{iw}(p_{iw},\ q_{iw})>0$，$\partial M_{iw}/\partial E_{iw}(\varepsilon_w,\ q_{iw})>0$，$\partial M_{iw}/\partial D_{iw}(n_{iw},\ \mu_{iw})>0$，因此服务收费、汇兑收益、融资收益的增加会促进进入者支付机构和在位者支付机构的收益增加。进而使鞍点向左下方移动，促进整个演化博弈系统的稳定演化策略向(进入，接纳)方向演化。证毕。

命题 4：支付机构提供的跨境支付资金规模、风险套利能力、风险控制能力以及产品差异化的提升有利于促进第二阶段的演化博弈向(进入，接纳)方向演化。

证明：由前述假设可知 $\partial E_{iw}(\varepsilon_w,\ q_{iw})/\partial q_{iw}>0$，$\partial D_{iw}(n_{iw},\ \mu_{iw})/\partial n_{iw}>0$，$\partial D_{iw}(n_{iw},\ \mu_{iw})/\partial\mu_{iw}>0$，$\partial^2 H_{iw}(p_{iw},\ q_{iw},\ r)/\partial p_{iw}\partial r>0$，$\partial^2 H_{iw}(p_{iw},\ q_{iw},\ r)/\partial q_{iw}\partial r>0$，这意味着支付机构提供的跨境支付资金规模、跨境支付机构的风险套利能力、风险控制能力以及产品差异化的提升可以推动支付机构的服务收费、汇兑收益、融资收益的增加。由命题 3 可知，服务收费、汇兑收益、融资收益的增加会促进进入者支付机构和在位者支付机构的收益提高。同时，收益的增加会促进鞍点向左下方移动，进而使鞍点向左下方移动，促进整个演化博弈系统的稳定演化策略向(进入，接纳)方向演化。证毕。

4.3.3.3 数值模拟

下面对跨境支付业务市场中，进入者支付机构与在位者支付机构的进入与接纳问题的演化博弈稳定策略进行数值模拟仿真，以印证前述理论分析中的演化稳定策略和相关要素对演化稳定策略的影响。具体而言，首先根据前述理论分析，对演化博弈的稳定策略进行数值模拟；其次通过调整相关要素的赋值，模拟仿真相关要素对演化稳定策略的影响。

（1）演化稳定策略的数值模拟。将前述理论分析涉及的相关要素进行赋值。设 $C_J=6$（单位：百万元），$C_Z=8$（单位：百万元），$C_0=9$（单位：百万元），$\beta=0.3$，$\sigma=0.2$，$M_Z=50$（单位：百万元），$M_J=30$（单位：百万元），$\gamma=0.3$，$\Delta M=40$（单位：百万元），$T_0=6$（单位：百万元）。初始的$\tau^*=\theta^*=0.3$。其数值模拟的结果如图 4-6 所示。观察图 4-6 不难看出，演化博弈系统将演化稳定于（进入，接纳）。

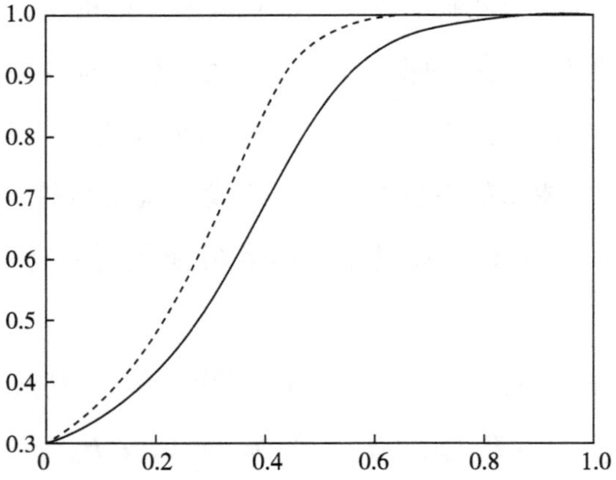

图 4-6　演化稳定策略的数值模拟

资料来源：笔者绘制。

（2）市场增量收益影响演化稳定策略的数值模拟。市场增量收益的增长核心驱动力来源于跨境电商使用用户规模的增加，并最终影响演化稳定策略。在其他相关要素赋值不变的情况下，调大市场增量的赋值，可以反映其对演化博弈系统稳定策略的影响。依据前述，设 $C_J=6$（单位：百万元），$C_Z=8$（单位：百万元），$C_0=9$（单位：百万元），$\beta=0.3$，$\sigma=0.2$，$M_Z=50$（单位：百万元），$M_J=30$（单位：百万元），$\gamma=0.3$，$\Delta M=50$（单位：百万元），$T_0=6$（单位：百万元）。

初始的$\tau^*=\theta^*=0.3$。其数值模拟结果如图 4-7 所示。对比图 4-6 和图 4-7 不难看出，市场增量收益的扩大促使演化博弈系统更易稳定于(进入，接纳)。

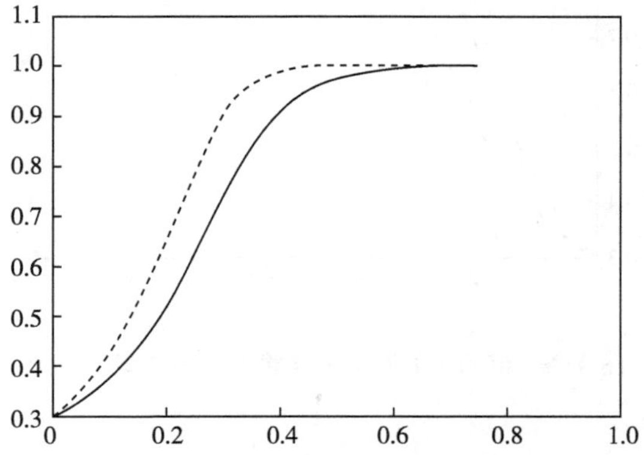

图 4-7　市场增量收益影响演化稳定策略的数值模拟

资料来源：笔者绘制。

(3)市场份额影响演化稳定策略的数值模拟。市场份额会对进入者支付机构选择“进入”策略产生影响，并最终影响演化稳定策略。在其他相关要素赋值不变的情况下，调大市场份额的赋值，可以反映其对演化博弈系统稳定策略的影响。依据前述，设 $C_J=6$(单位：百万元)，$C_Z=8$(单位：百万元)，$C_0=9$(单位：百万元)，$\beta=0.32$，$\sigma=0.21$，$M_Z=50$(单位：百万元)，$M_J=30$(单位：百万元)，$\gamma=0.3$，$\Delta M=40$(单位：百万元)，$T_0=6$(单位：百万元)。初始的$\tau^*=\theta^*=0.3$。其数值模拟结果如图 4-8 所示。对比图 4-6 和图 4-8 不难看出，进入者支付机构可以获取的市场份额增加会促使演化博弈系统更易稳定于(进入，接纳)。

(4)其他因素影响演化稳定策略的数值模拟。理论分析中，涉及的其他因素还包括支付机构用户规模、提供的跨境支付资金规模、跨境支付机构的风险套利能力、风险控制能力以及产品差异化等因素。这些因素通过提升支付机构的服务费收益、汇兑收益以及融资收益，进而促进支付机构整体业务收益的增长。支付机构的整体业务收益的增长最终会对整个演化博弈系统的稳定策略产生影响。在

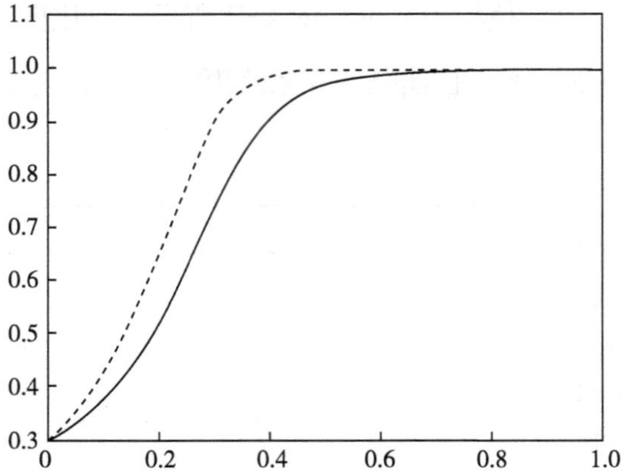

图 4-8 市场份额影响演化稳定策略的数值模拟

资料来源：笔者绘制。

其他相关要素赋值不变的情况下，调大支付机构整体业务收益的赋值，可以反映其对演化博弈系统稳定策略的影响。依据前述，设 $C_J=6$(单位：百万元)，$C_Z=8$(单位：百万元)，$C_0=9$(单位：百万元)，$\beta=0.32$，$\sigma=0.21$，$M_Z=51$(单位：百万元)，$M_J=32$(单位：百万元)，$\gamma=0.3$，$\Delta M=50$(单位：百万元)，$T_0=6$(单位：百万元)。初始的$\tau^*=\theta^*=0.3$。其数值模拟的结果如图 4-9 所示。对比图 4-6 和图 4-9 不难看出，支付机构整体业务收益的增长会促使演化博弈系统更易稳定于(进入，接纳)。

4.3.4 支付机构跨境电子商务支付业务市场竞争策略

综合推论 2 和命题 1 至命题 4，得到的竞争策略启示如下：

第一，支付机构开展跨境支付业务应该立足于跨境电子商务活动中的支付需求，通过为从事跨境电商活动的商户和使用者提供安全便捷的支付服务，推动跨境电商的发展。通过命题 1 以及命题 2 不难看出，增量市场收益的增加有助于促进在位者支付机构和进入者支付机构选择接纳和进入策略，从而促使整个博弈的演化稳定均衡策略向(进入，接纳)方向演进。因此，无论是在位者支付机构还是进入者机构都要关注增量市场收益。同时，增量市场收益主要源于从事跨境电

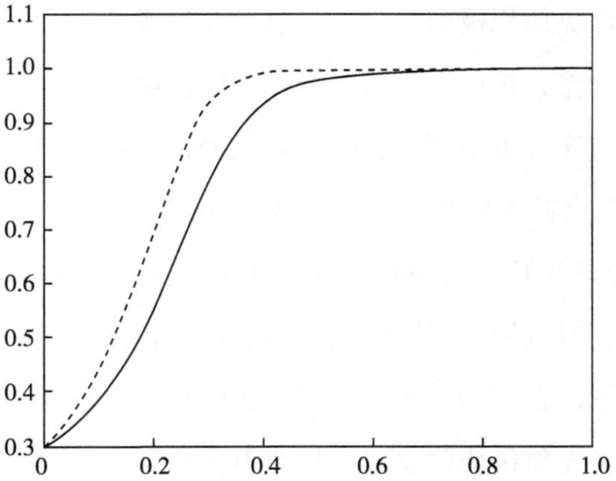

图 4-9 其他因素影响演化稳定策略的数值模拟

资料来源：笔者绘制。

商活动的用户的增加。这就意味着，支付机构在开展跨境支付业务的过程中，应该以跨境电子商务企业用户的实际支付需求为切入点，通过为用户提供安全、便捷的跨境支付服务，帮助跨境电商企业吸引更多的用户。事实上，这也与国家相关部门允许支付机构开展跨境支付业务的政策初衷一致。

第二，支付机构在从事跨境支付业务的过程中，应该关注风险控制能力、风险套利能力和服务差异化。通过命题 3 和命题 4 可以看出，支付机构的风险控制能力和风险套利能力通过影响其融资收益和汇兑收益，进而影响其稳定策略的演化方向；支付机构的服务差异化定位通过影响服务收费价格以及资金规模对支付机构的服务费收益产生影响，并进一步影响整个演化博弈的稳定均衡策略的演化方向。

第三，进入者支付机构应积极拓展市场，不仅要积极与在位者跨境电商平台企业谋求合作，也应该积极与进入者跨境电商平台企业谋求合作，以扩大市场份额。通过命题 2 可以看出，进入者支付机构的市场份额越大越倾向于选择进入市场。该市场份额包括两部分，即占有的在位者跨境电商平台的跨境支付业务的市场份额和占有的进入者跨境电商平台的跨境支付业务的市场份额。这意味着进入者支付机构应该采取更加积极的策略，谋求与在位者跨境电商平台企业和进入者跨境电商平台企业合作，扩展其跨境支付市场的份额。

第四，在位者应充分重视其具有的先发优势，进而获取竞争优势。通过命题1可以看出，对于在位者支付机构而言，只要接纳成本小于其获得市场增量收益，其将有可能选择接纳策略，同时增量市场收益越大其越倾向于选择接纳。这也说明了，在位者支付机构通过前期投入和前期的业务拓展已经积累业务经验并获取了稳定的业务量，在市场进入与接纳博弈中具有先发优势。充分发挥这种先发优势有利于在位者支付机构建立起市场竞争优势。

4.4 本章小结

本章采用考虑网络外部的垄断竞争市场模型对商业银行的传统国际结算市场进行了刻画，并得出了相应的市场竞争策略；采用霍特林—伯特兰—斯塔克尔伯格模型对商业银行服务于支付机构的业务市场，进而参与跨境电商支付结算业务市场竞争的现实状况进行了刻画，并通过模型分析得出了相应的市场竞争策略；采用两阶段演化博弈的分析方法，对跨境电商平台市场中（进入，接纳）情形下，支付机构的跨境支付市场的演化稳定策略进行了分析，并通过分析相关市场要素对演化博弈稳定均衡策略的影响，分析了支付机构开展跨境支付业务的市场竞争策略。

5 区块链兴起背景下跨境支付服务商竞争策略分析

区块链技术作为一种基于多节点共同维护的分布式记账技术，通过结合数据加密、共识算法、智能合约等相关技术，可以实现数据在流转过程中的分布式存储、可追溯性、不可篡改和防止抵赖性，将其应用于跨境支付业务中，为解决现有的跨境支付业务中存在的时效性差、不透明以及费用高昂等问题提供了新思路，得到了国内外学术界和产业界的广泛关注与认可。但现有研究尚未从微观层面分析跨境支付服务商是否采纳区块链技术、采纳区块链技术的策略及具体的应用方案。基于此，本章将分析在区块链技术兴起的背景下，跨境支付服务商的竞争策略，即跨境支付服务商在业务竞争中是否采纳区块链技术、采纳区块链技术的最优策略和具体业务场景的应用方案。本章研究结论有助于为跨境支付服务商在市场竞争活动中采纳区块链技术，进而提升自身的市场竞争力提供理论指导和应用方案。

5.1 区块链技术兴起背景下的跨境支付服务商竞争策略选择分析

区块链技术最初是作为比特币的底层支撑技术进入研究人员视野的，伴随着技术的不断成熟，逐渐受到了社会各界的重视（朱建明等，2019），在跨境支付业务中，采用区块链这一新型的信息技术，以降低跨境支付业务成本、提升跨境支付效率已成为当前产业界的共识。但是，是否在跨境支付业务中使用区块链技术以及如何使用区块链技术则成为跨境支付服务商在业务竞争中需要着重考虑的问题。本节将基于演化博弈模型分析跨境支付服务商是否采纳区块链技术，并结合区块链技术特点，分析区块链技术最优采纳策略。

5.1.1 基于演化博弈模型的跨境支付服务商区块链技术采纳分析

5.1.1.1 跨境支付服务商区块链采纳的演化博弈模型

区块链技术兴起及其在跨境支付领域的应用价值广受认可的背景下，跨境支付服务商的竞争策略首先可以具化为采纳区块链技术和不采纳区块链技术。对称博弈下，跨境支付服务商区块链技术采纳与不采纳的演化博弈策略集如表 5-1 所示。

表 5-1 跨境支付服务商区块链技术采纳与不采纳的演化博弈策略集

	跨境支付服务商 1	
跨境支付服务商 2	（采纳，采纳）	（采纳，不采纳）
	（不采纳，采纳）	（不采纳，不采纳）

资料来源：笔者绘制。

根据表 5-1，可以得到跨境支付服务商区块链技术采纳与不采纳的演化博弈支付函数矩阵，如表 5-2 所示。

表 5-2 跨境支付服务商区块链技术采纳与不采纳的演化博弈支付函数矩阵

		跨境支付服务商 1	
		采纳(x)	不采纳($1-x$)
跨境支付服务商 2	采纳(x)	$(1-\alpha_i)R_i-C_i+\Delta R_i$，$(1-\alpha)R_i-C_i+\Delta R_i$	$(1-\alpha_i)R_i-C_i, R_i$
	不采纳($1-x$)	R_i，$(1-\alpha_i)R_i-C_i$，	R_i, R_i

资料来源：笔者绘制。

表 5-2 中，x 表示跨境支付服务商采纳区块链技术的概率，$1-x$ 表示跨境支付服务商不采纳区块链技术的概率。i 表示跨境支付服务商的规模，$i=1$ 代表大型跨境支付服务商，$i=2$ 代表小型跨境支付服务商。R_i 表示跨境支付服务商的正常收益，即跨境支付服务商不采纳区块链技术时，其以原有的信息技术体系为支撑获得收益。当采纳区块链技术时，并基于区块链技术进行业务优化或业务重构时，存在一定的技术风险，其风险系数用 α_i 表示。α_i 越大代表风险越大。$\alpha_i R_i$ 表示期望风险损失。C_i 表示跨境支付服务商采纳区块链技术，并进行自身业务优化或业务重构时的成本。ΔR_i 表示所有跨境支付服务商采纳区块链技术后的增量收益，主要包括所有厂商采用区块链技术后系统兼容性提高和行业声誉提升所带来的收益。

5.1.1.2 演化稳定策略分析

跨境支付服务商采纳区块链技术期望收益为 U_{iY}，其表达式如下：

$$U_{iY}=x[(1-\alpha_i)R_i-C_i+\Delta R_i]+(1-x)[(1-\alpha_i)R_i-C_i] \tag{5-1}$$

跨境支付服务商不采纳区块链技术期望收益为 U_{iN}，其表达式如下：

$$U_{iN}=xR_i+(1-x)R_i \tag{5-2}$$

跨境支付服务商期望收益为 $\overline{U}$，其表达式如下：

$$\overline{U}=xU_{iY}+(1-x)U_{iN} \tag{5-3}$$

将式(5-1)和式(5-2)代入式(5-3)，则：

$$\overline{U}=\Delta R_i x^2+xR_i(1-\alpha_i)-C_i x+(1-x)R_i \tag{5-4}$$

由式(5-4)可以进一步得到跨境支付服务商采纳与不采纳区块链技术演化博弈的复制者动态方程：

$$F(x)=\frac{\mathrm{d}x}{\mathrm{d}t}=x(U_{iY}-U_{iN})=x(1-x)[\Delta R_i x+(1-\alpha_i)R_i-C_i-R_i] \tag{5-5}$$

令 $F(x)=0$，可以得到以下三个解：

$x^*=0$，$x^*=1$，$x^*=(\alpha_i R_i+C_i)/\Delta R_i$

进一步地，根据演化博弈论中演化稳定策略的性质和微分方程的稳定性定理，可以得到以下命题：

命题 1：$\Delta R_i>\alpha_i R_i+C_i$ 时，$x^*=(\alpha_i R_i+C_i)/\Delta R_i$ 是该博弈的演化稳定策略。

证明：当 $\Delta R_i>\alpha_i R_i+C_i$ 时，则有 $F'(0)=\Delta R_i-\alpha_i R_i-C_i>0$，$(\alpha_i R_i+C_i)/\Delta R_i\in(0,1)$。其演化博弈的相位图如图 5-1 所示。

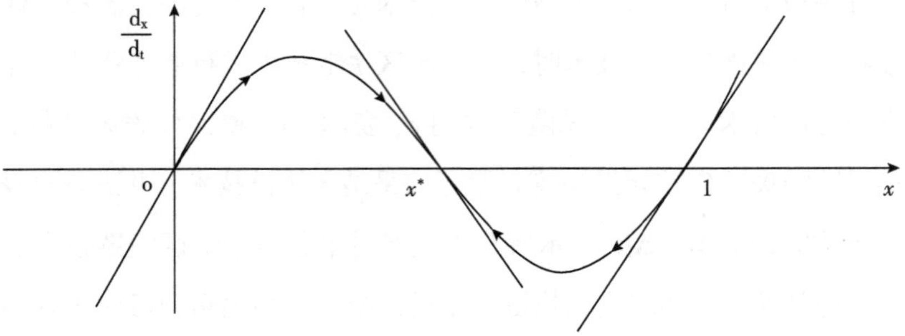

图 5-1　$\Delta R_i>\alpha_i R_i+C_i$ 时演化博弈相位图

资料来源：笔者绘制。

观察图 5-1 不难发现，只有在 $x^*=(\alpha_i R_i+C_i)/\Delta R_i$ 处，$F'(x)<0$。此时，无论初始 x 处于[0，1]区间的任何位置，都将趋向并稳定于 $x^*=(\alpha_i R_i+C_i)/\Delta R_i$ 处。$x^*=(\alpha R_i+C_i)/\Delta R_i$ 为演化博弈系统的稳定演化策略。证毕。

命题 2：$\Delta R_i<\alpha_i R_i+C_i$ 时，$x^*=0$ 是该博弈的演化稳定策略。

证明：当 $\Delta R_i<\alpha_i R_i+C_i$ 时，则有 $F'(0)=\Delta R_i-\alpha_i R_i-C_i<0$，$(\alpha_i R_i+C_i)/\Delta R_i>1$。其演化博弈的相位图如图 5-2 所示。

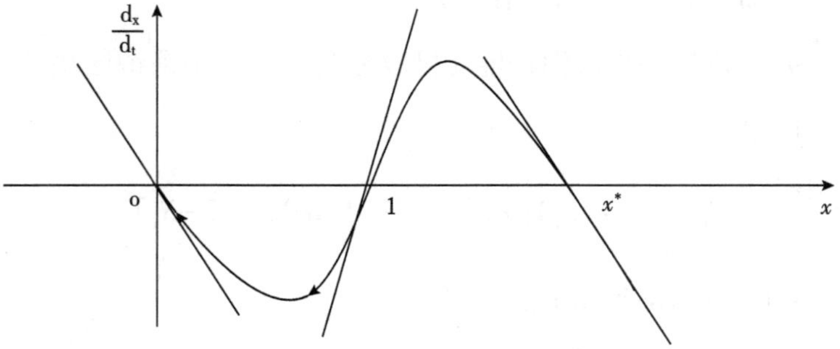

图 5-2　$\Delta R_i<\alpha_i R_i+C_i$ 时演化博弈相位图

资料来源：笔者绘制。

观察图 5-2 不难发现，在[0，1]内，只有 $x^*=0$ 处，$F'(x)<0$。此时，无论初始 x 处于[0，1]区间的任何位置，都将趋向并稳定于 $x^*=0$ 处。$x^*=0$ 为演化博弈系统的稳定演化策略。证毕。

分析命题 1 和命题 2，可以得到：

定理 1：在一定条件下，跨境支付服务商将选择采纳区块链技术，其概率为开发基于区块链技术业务系统的期望风险损失和投入成本的总额与增量收益的比值。换言之，在一定条件下，会有部分跨境支付服务商采纳区块链技术，采纳区块链技术的跨境支付服务商的比例为开发区块链技术的期望风险损失和投入成本的总额与增量收益的比值。

小型跨境支付服务商在业务规模、市场影响力、信息技术开发能力等方面具有不足，采用区块链技术所获得市场增量收益往往较小，业务开发的失败风险比较大，其相比于大型跨境支付服务商，其策略演化更易趋向稳定于(不接纳，不接纳)。大型跨境支付服务商则会以一定概率采纳区块链技术。

基于以上分析，可以得到推论 1：相比于小型跨境支付服务商，大型跨境支付服务商更易采纳区块链技术。

定理 1 和推论 1 的理论洞见可以很好地解释现阶段国内外跨境支付业务市场中，少有中小型跨境支付服务商采纳区块链技术的业务探索，只有部分而非全部大型跨境支付服务商开展了基于区块链技术的业务探索的产业现象。

5.1.1.3 数值模拟

本部分将对跨境支付服务商区块链技术采纳与否的演化稳定策略进行数值仿真模拟。

(1)跨境支付服务商是否采纳区块链技术的数值模拟。

情形 1：跨境支付服务商采纳区块链技术获得增量收益大于采纳区块链技术的开发成本与风险期望损失之和时，设 $\Delta R_i=1$(单位：千万元)，$\alpha_i=0.2$，$R_i=4$(单位：千万元)，$C_i=0.1$(单位：千万元)，初始的采纳概率为 $x=0.1$。其数值模拟结果如图 5-3 所示。

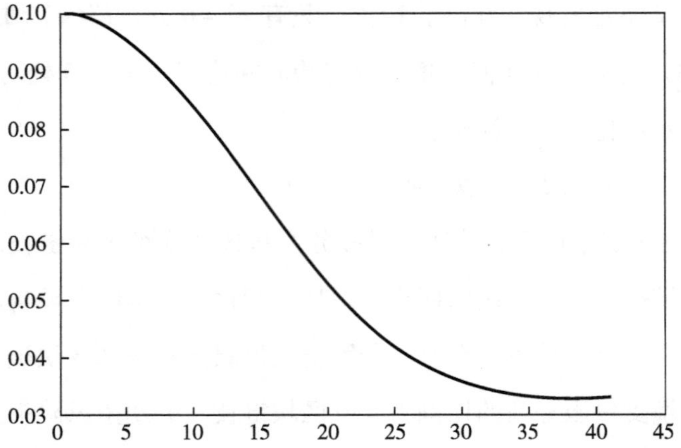

图 5-3　情形 1 的数值模拟图

资料来源：笔者绘制。

情形 2：跨境支付服务商采纳区块链技术获得增量收益小于采纳区块链技术开发成本与风险期望损失之和时，设 $\Delta R_i=0.3$（单位：千万元），$\alpha_i=0.2$，$R_i=4$（单位：千万元），$C_i=0.1$（单位：千万元），初始的采纳概率为 $x=0.1$。其数值模拟结果如图 5-4 所示。

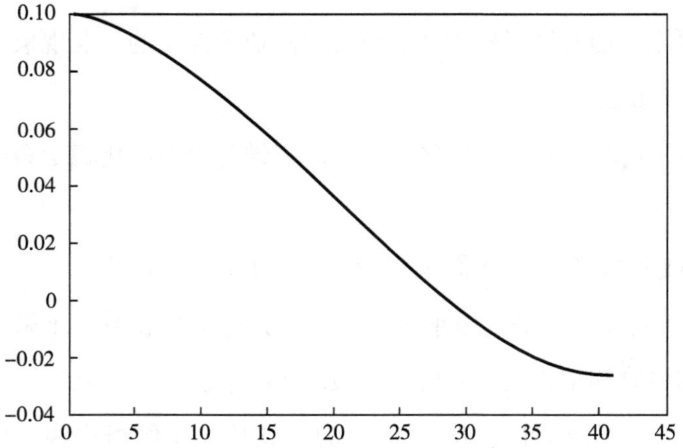

图 5-4　情形 2 的数值模拟图

资料来源：笔者绘制。

观察图 5-3 不难发现，在情形 1 中，经过多次演化选择后，x 趋向稳定在一个大于零的数值，这意味着跨境支付服务商在重复选择中将依然有一定的概率选择采纳区块链技术。

观察 5-4 不难发现，在情形 2 中，经过多次演化选择后，x 趋向稳定在一个小于零的数值，这意味着跨境支付服务商在重复选择中将不会选择采纳区块链技术。

（2）不同规模的服务商采纳区块链技术的数值模拟。进一步地，模拟不同规模的跨境支付服务商采纳区块链技术的倾向。设 $\Delta R_1=1.2$（单位：千万元），$\alpha_1=0.1$，$R_1=4$（单位：千万元），$C_1=0.1$（单位：千万元），$\Delta R_2=1$（单位：千万元），$\alpha_2=0.3$，$R_2=2$（单位：千万元），$C_2=0.1$（单位：千万元），初始的采纳概率为 $x=0.3$。其数值模拟结果如图 5-5 所示。

对比图 5-5 中大型跨境支付服务商的演化趋势与小型跨境支付服务商的演化趋势，可以发现，相比于小型跨境支付服务商大型跨境支付服务商更倾向于选择采纳区块链技术。

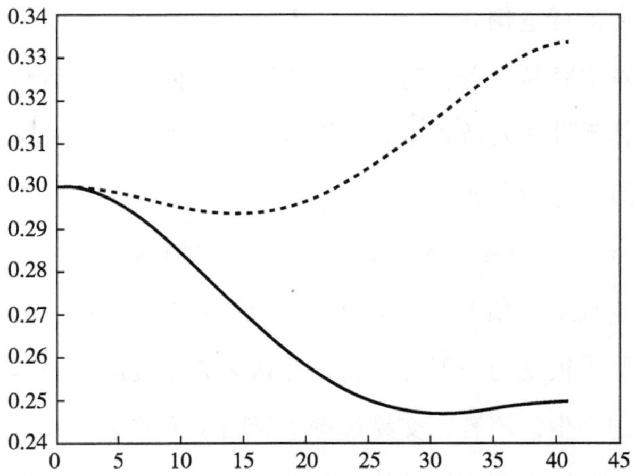

图 5-5　不同规模的跨境支付服务商区块链采纳倾向对比

资料来源：笔者绘制。

5.1.2 跨境支付服务商最优区块链技术采纳策略分析

本书采用演化博弈模型分析指出，在一定条件下，跨境支付服务商将采纳区块技术。以此为基础，本章将分析跨境支付服务商的区块链技术的最优采纳策略。

伴随着区块链技术的不断发展，区块链技术逐渐从以数字货币为代表的区块链 1.0 时代（Jess 等，2016），进入以智能合约为代表的区块链 2.0 时代（袁勇等，2016）。在区块链 1.0 时代，区块链技术的应用场景限于数字货币，是规制“双花”问题、确保数字货币顺畅流转的支撑技术。在区块链 2.0 时代，区块技术融合了智能合约并实现了图灵运算，其部署方式也从单纯的公有链衍生出了私有链和联盟链等，提升了区块链技术的通用性，区块链逐渐成为具有较强普适性的信息技术。因此，结合上述区块链技术的发展历程，当前跨境支付服务商采纳区块链技术的策略主要包括两种：①基于区块链发行私人数字货币，并借助私人数字货币在收付款方之间的流转，实现债务与债权的跨境清算。②不发行私人数字货币，而是充分发挥区块链技术本身所具有的技术特性，对现有的跨境支付业务进行优化或业务流程重构。

进一步地，本书将从业务普适性、系统互操作性、系统运行效率、技术可实现性、金融货币体系冲击及政策不确定性等维度，对以上两种跨境支付服务商的区块链技术采纳策略进行分析。

5.1.2.1 发行私人数字货币的区块链技术采纳策略分析

将基于区块链技术的私人数字货币应用于跨境支付领域，基于以下两种经济学逻辑：①数字货币被视为一般等价物，并认为数字货币本身具有价值，其价值来源于数字货币的产生、流转、交易过程中凝结了无差别的人类劳动，利用具有价值的数字货币可以实现跨国境的债权债务清算。在跨境支付活动中，付款人通过借助互联网，发送与收款人共同承认的具有价值的某种数字货币，完成跨境支付。②数字货币本身不具有价值属性，其本身只是一种承载价值的符号，是代表某种价值的数字化工具，数字货币的价值取决于其锚定标的所具有的价值。如果数字货币与法定货币锚定，那么数字货币所代表的价值就与传统的纸币所代表的法定货币价值一致。

基于以上经济学逻辑，使用私人数字货币开展跨境支付的具体业务流程也有所不同。在将数字货币视为一般等价物的应用模式中，跨境支付服务商需要发行具有价值的数字货币，且该数字货币中蕴含的价值被广泛认可。付款人通过价值交换获取数字货币或者直接通过付出劳动获取数字货币，如参与数字货币的“挖矿”或者参与数字货币一致性共识验证的方式获取数字货币。并将其拥有的数字货币发送给收款人，以完成债权债务关系的清算。在将数字货币视为价值符号的应用模式中，跨境支付服务商发行的数字货币要与国家法定货币或者其他可度量价值的资产进行价值锚定。付款人通过利用自身持有的国家法定货币或其他可度量价值的资产换取数字货币，并将数字货币发送给收款人，收款人将收到的数字货币兑换为国家法定货币或者其他可度量价值资产，进而完成跨境支付业务。当前，Ripple 币和 Face book 提出的 Libra，在本质上属于此种模式。

发行私人数字货币的区块链技术采纳策略，实质上是将传统的跨境支付的清算与结算活动合并，完成私人数字货币的跨境清算即完成跨境结算。此种模式借助区块链技术实现用户之间私人数字货币的点对点传输，不仅可以减少跨境支付的清算环节，也可以减少传统跨境支付清算与结算分离产生的冗余环节。同时，此种模式的技术实现较为简单，技术门槛较低，且有诸多可参考和借鉴的数字货币开源代码。

但是，此种模式也存在诸多不足，主要表现如下：①在业务普适性方面存在不足，难以适用于复杂的国际贸易结算业务。②系统互操作性差。当前，区块链的跨链技术依然处于初步探索期，尚未出现通用的成熟的跨链技术。在此背景下，基于区块链的数字货币实质上会形成一个个孤立的价值体系，进行价值转换的系统互操作性差。③系统运行效率低。公开发行私人数字货币一般采用公有链的部署方式。公有链在运行效率和业务吞吐量方面存在的不足，限制了基于公有链发行的私人数字货币的运行效率和吞吐量。此外，区块链技术的“三元悖论”，也对基于区块链技术的私人数字货币运行效率构成了限制。④对当前的国际金融体系产生了巨大冲击，面临的政策不确定性较大。发行基于区块链技术的私人数字货币会对原有的基于国家信用的国际货币体系产生巨大冲击，进而影响整个国际金融体系，不利于被广泛接受。此外，当前各国政府对发行私人数字货币持有的监管态度不尽相同，将私人数字货币用于跨境支付业务中存在着巨大的政策风险。

5.1.2.2　充分发挥区块链技术特性的区块链技术采纳策略分析

充分发挥区块链技术本身所具有的技术特性，对现有的跨境支付业务进行优化或业务流程重构，所基于的经济学逻辑为：区块链是一种新型的信息技术，在业务中采用新型的技术是一种创新活动（熊彼特，1912），以该技术为支撑对现有的跨境支付业务进行优化和业务重构，可以有效降低业务成本，提升业务效率，进而增加业务收益。

基于以上经济学逻辑，跨境支付服务商采纳区块链技术主要有以下两种模式：

第一，跨境支付服务商搭建内部私有链区块链平台。基于该平台，跨境支付服务商可以优化信用证等跨境支付业务结算单据的管理方式进而提升业务效率。或者借助区块链平台，跨境支付服务商为其用户提供跨境资金的信息传递，进而协助收付款双方实现资金的跨境收付。当前，我国跨境支付服务商多采用此种模式，如中国银行于2018年8月借助自身开发的区块链平台，完成了河北雄安和韩国首尔的首笔美元国际汇款。

第二，跨境支付服务商之间基于联盟链构建跨组织的区块链平台。此种跨境支付服务平台将多个跨境支付服务商及其用户联结到同一个基于区块链的跨境支付网络中，隶属于不同跨境支付服务商的用户，则可以借助该支付网络开展跨越不同跨境支付服务商的跨境支付活动。当前，境外商业银行及相关机构多采用此种模式。代表性的行业实践如摩根大通与新加坡金融管理局共同打造了基于区块链技术的多货币支付网络。

不发行私人数字货币，而是将区块链技术视为一种信息技术，以优化现有的跨境支付业务模式的跨境支付服务商区块链技术采纳路径，优势在于：①对当前国际货币及金融体系的冲击较小，且面临的政府监管政策不确定性较小。此种区块链技术采纳路径，实质上是基于现有的国际货币体系和跨境支付清算，与结算业务分离的跨境支付业务处理体系，对当前国际货币及金融体系的冲击较小，面临的政府监管政策不确定性也较小。②业务普适性较强。跨境支付服务商可以结合自身的业务特点，在不同的业务场景中采用区块链技术，大大提升了区块链技术的业务普适性。③系统互操作性强。将区块链技术应用于跨境支付后端业务的具体环节，只要保证系统输出数据具有数据结构一致性，通过相关的数据接口，便可以实现不同系统之间的数据联结和价值转换。④系统运行效率高。基于区块链技术优化跨境支付业务或进行业务重组，多采用联盟链和私有链等，与公有链业务相比运行效率高，通过一定程度地降低区块链系统的分散性，改善了区块链技术"三元悖论"对系统运行效率的限制。

此种模式也存在不足，主要表现在：①依然存在中间环节。此种模式基于现有的跨境支付清算与结算体系，难以避免跨境支付清算与结算分离产生的冗余中间环节。②技术实现较困难。此种模式需要服务商结合自身的实际情况，开展技术创新活动，相应的技术门槛高，技术开发失败风险大。

5.1.2.3　两种不同的区块链技术采纳策略对比及最优采纳策略

基于上述对跨境支付服务商的区块链采纳技术路径的介绍和分析，两种区块链技术采纳路径在业务普适性、系统运行效率等方面的对比如表 5-3 所示。

表 5-3　跨境支付后端服务提供商的两种区块链技术采纳策略对比

模式 \ 指标	业务普适性	系统互操作性	系统运行效率	技术可实现性	金融货币体系冲击及政策不确定性
模式 1	较低	低	高	低	较大
模式 2	较高	高	较低	高	较小

资料来源：笔者绘制。

通过表 5-3 可知，基于区块链发行私人数字货币，并将其应用于跨境支付业务领域面临的政策不确定较大。而结合第 3 章对我国跨境支付市场特征的分析可以看出，政府管制在跨境支付市场的发展中具有重要作用。因此，发行私人数字货币，并将其应用于跨境支付业务领域会面临巨大的政策风险。同时，去中心化的数字货币不利于实现对资金跨境流动的监管，易成为进行跨境洗钱、走私等非法活动的工具。因此，跨境支付服务商尤其是大型跨境支付服务商，其最优区块链技术采纳策略是将其视为一种新型的技术，通过技术创新，提升业务效率降低业务成本，进而获得竞争优势。

本节分析了跨境支付服务商的区块链技术采纳与否的策略，并分析了两种区块链技术采纳策略。研究指出，在一定条件下，跨境支付服务商将选择采纳区块链技术，其最优的区块链技术采纳策略是将区块技术视为一种新型的信息技术，通过技术创新，提升业务效率，降低业务成本进而获得竞争优势。基于此，本书后续章节将进一步深入研究跨境支付服务商最优区块链技术采纳策略的具体应用方案，即结合跨境金融通信运营商和商业银行的业务实践，提出基于区块链的跨境金融通信系统分布式架构和商业银行跨境支付业务模型，为跨境支付服务商采纳区块链技术提供借鉴和参考。

5.2　基于区块链的 SWIFT 系统分布式架构①

现阶段，跨境金融通信对于现代金融业务的开展极为重要。环球银行金融电信协会（SWIFT）是跨境金融通信服务的主要提供者，对我国跨境支付市场乃至对全球跨境支付市场的发展都具有极为重要的影响，也是当前商业银行开展跨境支付清算与结算最依赖的服务商。然而，现阶段环球银行金融电信协会运营的基于中心架构思想的 SWIFT 系统安全风险突出，传输效率低，运营维护成本较高，推高了整个跨境支付业务的成本。此外，中心化的 SWIFT 系统也易成为大国为

① 该部分主要内容发表于《软件学报》2019 年第 6 期。

实现自身政治目的对他国进行金融封锁的武器，如美国利用 SWIFT 系统对伊朗、俄罗斯等国家进行金融封锁（许文鸿，2019）。因此，探索区块链技术在跨境金融通信系统的应用，并通过技术升级改造降低跨境金融通信业务的费用成本、提高系统运行效率、系统安全性和健壮性，有利于提高现有跨境支付业务体系竞争力，提升消费者福利水平，锁定用户消费习惯，同时也为我国在全球范围内构建安全、可靠、不受外部势力干预的金融跨境系统，进而维护国家安全和自身核心利益提供了良好的借鉴路径。

本节将提出一种基于区块链的 SWIFT 系统分布式架构，并以 SWIFT 系统中最基础的报文业务为例，对该分布式系统的组网机制、共识机制、数据交互机制进行阐释。同时，考虑到跨境支付业务机理和 SWIFT 的运营现状，本书采用的区块链具体的部署方式为许可链。

5.2.1 基于区块链的 SWIFT 分布式系统架构

5.2.1.1 现行的 SWIFT 系统结构框架

SWIFT 系统致力于解决全球金融机构的跨境通信问题，并提供标准化报文，在此基础上助力于建立高效的国际货币清算体系。因而，SWIFT 系统的关键核心在于实现国际金融机构的信息连通。现行的 SWIFT 系统构架基于中心控制—区片存储—区域审核—用户接入的设计构架（见图 5-6）。

如图 5-6 所示，SWIFT 系统拓扑结构由四部分组成：处于系统核心位置的是中心系统控制处理器，其他部分由内到外，依次分为片处理机、地区处理机、访问点。在该系统中，中心系统控制处理器是整个系统最核心的主控机，对整个系统的运行状态进行检测和控制。片处理器负责整个网络中报文存储转发，目前世界范围内的报文存储转发由四台片处理器负责。地区处理机是系统端的门户，主要负责对用户发送报文的格式、语法、地址代码等进行审核，审核通过的报文才能进一步地向片处理器传送，从而分担片处理器的工作负荷。访问点则是被 SWIFT 系统授权的，可以接到系统中的端口，系统用户利用本地逻辑终端和计算机系统，通过该端口接入系统。

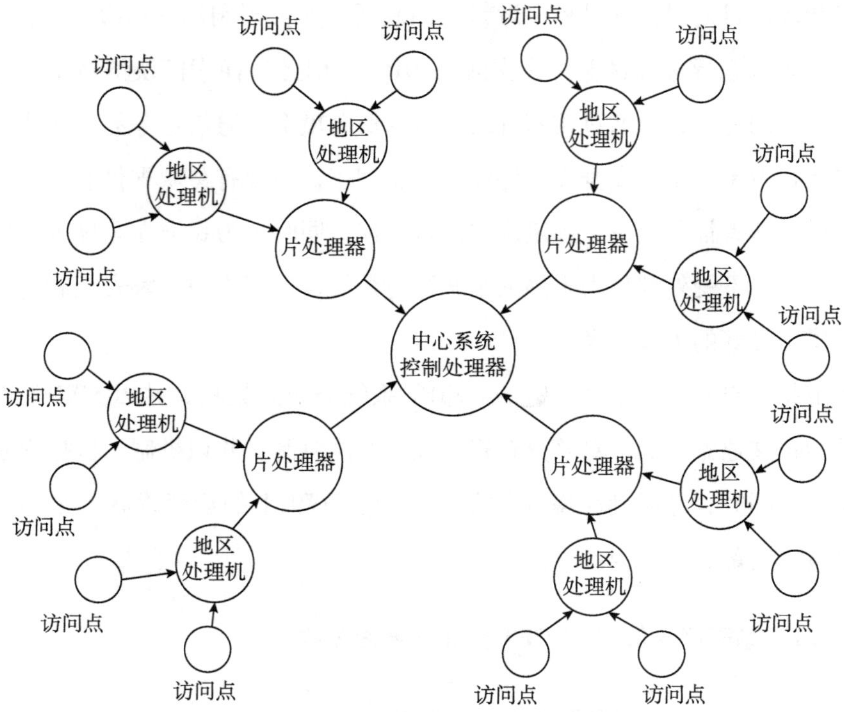

图 5-6　SWIFT 系统拓扑结构示意图

资料来源：笔者绘制。

现行的 SWIFT 框架以中心控制系统管理整个系统的运行，参与该系统的金融机构之间交换的报文信息都要经过中心控制系统，一旦中心系统遭受攻击或攻击者通过骗取中心节点的信任便可轻易地对其他金融机构发起攻击，而利用中心控制系统进行业务处理模式也导致交易效率低下，如个人利用银行接 SWIFT 系统进行跨境转账到账日期为三天，远远长于 Ripple 和 Cricle 的转账时效。

5.2.1.2　BCSWIFT 框架

基于中心控制思想设计的系统架构，在一定时期内保证系统的高效运转。然而，近年来发生的一些安全攻击事件、运营成本高、跨境支付到账时效长等问题引起了广泛重视。为解决该系统运行中存在的问题，本书提出基于许可链（区块链中私有链和联盟链的统称）的 BCSWIFT 构架。

BCSWIFT 构架的核心关键是在不改变现有金融监管体系的前提下，基于区块链技术，对 SWIFT 系统进行优化，将过分依赖于中心节点的中心化架构变革为分布式共识构架。

在 BCSWIFT 系统中每个节点都参与维护全网的交易账本，因而不存在中心控制节点。考虑到 SWIFT 系统中涉及世界诸多国家的金融机构，需要对报文进行标准化，同时世界各国对跨境金融业务具有较强的监管要求。因此，本书将节点类型划分为用户节点和协调节点，进一步地，将用户节点划分为记账节点子群和验证节点子群。用户节点是 BCSWIFT 系统的主体参与者，其中记账节点子群负责记录本节点与其他节点之间的交易事项，发送报文、接受报文、维护本地账本等；验证节点子群从全体用户节点之中随机选择，负责对系统中的报文进行合规性审查、验证交易；只有通过验证节点验证的报文交易信息才能记录到区块链中。协调节点对整个系统进行维护，制定报文标准、仲裁交易纠纷、负责认证节点的筛选工作、对新近节点进行合规性审查、协调系统与其他监管系统的对接等。图 5-7 为 BCSWIFT 系统分布式结构，图 5-8 为 BCSWITF 区块链架构。

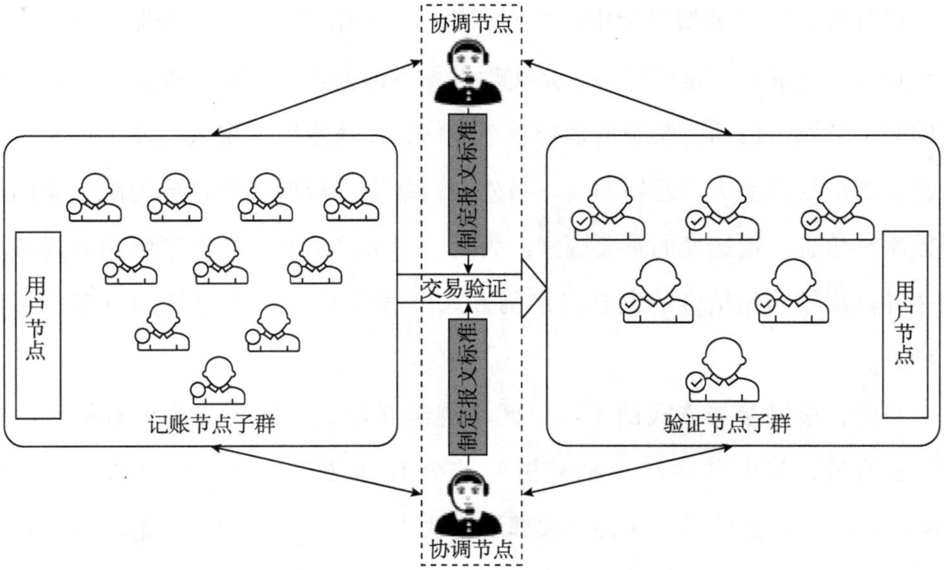

图 5-7 BCSWIFT 系统分布式结构

资料来源：笔者绘制。

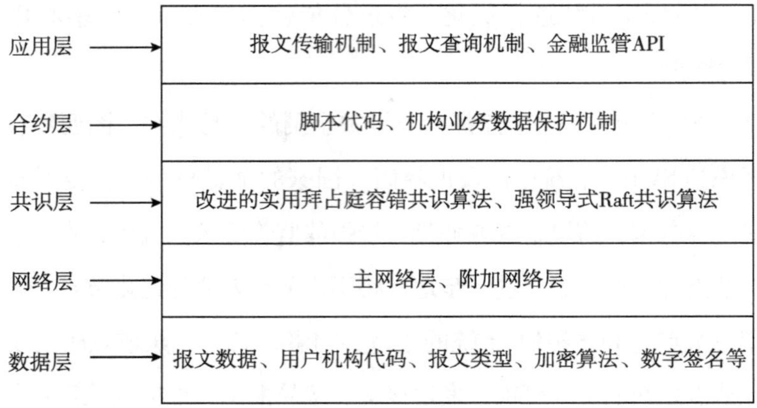

图 5-8 BCSWITF 区块链架构

资料来源：笔者绘制。

5.2.2 BCSWIFT 系统的组网机制

现行的 SWIFT 系统基于中心控制思想进行网络布局，中心控制系统成为各个节点相互连通的信道中转站，是实现世界各国金融机构发送报文进行信息沟通的关键节点。因而，系统的运行效率、信息传播速度在很大程度上依赖于中心控制器的处理能力和运转速度，另外，网络中的最低带宽也成为限制全网运行效率和信息传播速度的重要因素。为此，本书提出基于端对端组网方式和星型拓扑网络结构相结合的混合式组网方式以适应 BCSWIFT 系统的分布式共识机制。

当前，根据参与方式的不同，区块链部署形式一般可分为公有链、联盟链、私有链，其中联盟链和私有链等非公有链又称为许可链（Permissioned Blockchain）。联盟链是区块链三大部署形式之一，是由若干机构组成利益相关的联盟，共同参与并维护具有准入机制的多中心化区块链，联盟链提供成员管理、认证、授权、审计等管理功能，经过联盟认证的机构才能加入联盟链，对联盟链的写入及查询等操作均可通过联盟授权控制。私有链是指各个节点的写入权限仅由某个机构控制，而读取权限可视需求有选择地对外开放，或被任意程度地进行了限制的区块链。进入联盟链的成员具有对等地位，不存在绝对控制中心节点，因而在部署联盟链的过程中，端对端（Peer to Peer，P2P）的组网方式便成为重要的联盟链网络拓扑结构。而私有链从某种程度上存在着类中心节点，星型拓扑（Star Topology）网络被视为私有链的重要可参考网络拓扑结构。

现行的 SWIFT 系统为每个加入该系统的金融机构提供访问点，并设置相应的机构代码，以保证数据结构的完整、清晰和易于处理；而分布于世界各国的金融机构往往在本国范围内又拥有诸多分支机构和代理机构。这些分支机构和代理机构往往通过专线与主机构联结，当需要利用 SWIFT 系统接发报文时，便借助主机构拥有的 SWIFT 访问权限进行业务处理。此种方式，一方面考虑到不同分支机构或代理机构的数量众多，而且业务量规模分布不均衡，利用主机构统一的系统访问权限可以避免为所有分支机构和代理机构申请 SWIFT 系统访问权限的成本；另一方面有利于加强主机构对分支机构和代理机构的监管，也便于主机构进行统一的业务核算。基于此，本书提出 P2P 组网方式与星型拓扑网络结构相结合的混合式组网方式。

为便于区分，本书将参与到 SWIFT 系统中的金融机构进行纵向划分，即按照金融机构是否具有独立的 SWIFT 系统访问权限划分为一级金融机构和二级金融机构。一级金融机构主要是指获得独立 SWIFT 系统访问权限的金融机构，包括各国银行、证券公司以及从属于银行或证券公司但具有独立 SWIFT 系统访问权限的子公司或代理机构。二级金融机构主要是指没有独立的 SWIFT 系统访问权限的金融机构的分支机构、代理机构或子公司，同时其对 SWIFT 系统的访问权限需要借助其从属的或者有合作关系的一级金融机构的访问权限。在一级金融机构中采用 P2P 的组网方式，而二级金融机构与其依赖的一级金融机构之间采用星型拓扑网络。

图 5-9 为 BCSWIFT 系统混合式组网机制示意图。在该组网机制中，本书将整个网络划分为两层，上层由一级金融机构用户组成，在此层次中各参与者

采用P2P的组网方式，以便为BCSWIFT系统分布式共识提供健壮的网络支撑，该层次也是BCSWIFT组网的主层，各参与者的跨境报文交换以及金融通信等BCSWIFT系统为用户提供的主要业务也在该层完成；下层由二级金融机构用户组成，在此层次中各参与者采用星型拓扑网络机制与主层中相对应的一级金融机构相连接，二级金融机构的跨境报文交换以及金融通信等业务通过向一级金融机构提交申请，借助一级金融机构的BCSWIFT系统访问权限的方式完成，该层次是主层次的辅助层，以此扩展BCSWIFT系统地域以及受众群体的覆盖范围。

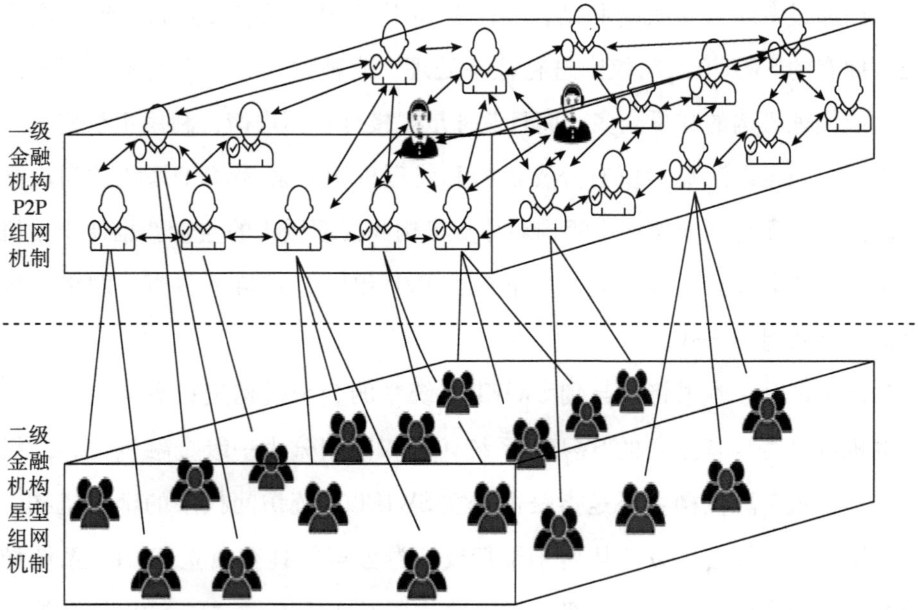

图5-9 BCSWIFT系统的混组网方式

资料来源：笔者绘制。

5.2.3 分布式共识机制设计

考虑到BCSWIFT系统用户的组织方式以及业务模式，本书将BCSWIFT系统划分成双层结构——主层和附加层，并分别对应联盟链和私有链。本节将提出主层联盟链以及附加层私有链的共识机制。

5.2.3.1 用户角色及职责

BCSWIFT 系统采用双层网络架构，主层基于联盟链建立分布式共识机制以弱化对现行的 SWIFT 系统中心控制节点的依赖程度，附加层考虑到金融机构实体组织结构体系采用私有链的区块链部署方式以增强系统的健壮性。因而，用户在不同网络层中扮演着不同的角色，其拥有的权限与履行的职责也不相同，表 5-4 和表 5-5 列出了 BCSWIFT 主层用户和附加层用户的角色及其职责。

表 5-4 BCSWIFT 主层用户角色及职责

角色	用户节点		协调节点
	记账节点子群	验证节点子群	
角色分配方式	通过签订合约拥有 SWIFT 访问权的一级金融机构	由协调节点随机动态选择 K>2N/3 的用户节点	参与 SWIFT 系统的一级金融机构共同成立的委员会的代理机构
职责	遵守系统操作规范、按照标准发送和接收报文、维护本地账本、遵守本国金融监管要求和国际通行规范	审查报文信息结构合规性、对区块进行交互验证	建立报文信息区块、对系统进行维护、制定报文标准、仲裁交易纠纷、筛选验证节点、审核和批准新进节点、协调系统与其他监管系统的对接
权限	发送和接收报文、查询区块链数据、进行数据分析	审查报文的合规性、验证交易	按照委员会规定开展数据增值服务、对新进入节点进行业务指导、系统最高数据访问权限等

资料来源：笔者整理。

表 5-5 BCSWIFT 附加层用户角色及职责

角色	一级金融机构	二级金融机构
角色分配方式	按照实体隶属关系、组织架构体系以及业务流程设置	按照实体隶属关系、组织架构体系以及业务流程设置

续表

角色	一级金融机构	二级金融机构
职责	验证报文信息、维护系统安全、保持与主层联结	维护系统安全、维护本地账本
权限	审核新近节点、设置系统操作规则、审核全部报文信息	发送和接收报文

资料来源：笔者整理。

5.2.3.2 共识算法设计

相关定义。BCSWIFT 系统中采用双层网络构架，在不同的网络层采用相应的共识机制。本书提出，在主层采用基于实用拜占庭容错的改进的实用拜占庭容错（Improved Practical Byzantine Fault Tolerance，IPBFT）共识机制；在附加层采用基于 Raft 的强领导式 Raft（Raft of Strong Leadership，RSL）共识机制。在相关共识机制中定义如下：

（1）报文发送方 Sen 和接受方 Rec。报文发送方是指请求通过 BCSWIFT 系统向其他金融机构发送报文信息的金融机构。报文发送方可以是一级金融机构 SenF 也可以是二级金融机构 SenS；报文发送方 $SenF_{ID}$ 是一级金融机构在主网络层的唯一标识，报文发送方 $SenS_{ID}$ 是二级金融机构在其隶属的星型拓扑网络中的唯一标识。与之类似，可以对 Rec、$RecF_{ID}$ 和 $RecS_{ID}$ 进行定义。对于同一金融机构而言，$SenF_{ID}==RecF_{ID}$ 或 $SenS_{ID}==RecS_{ID}$。

（2）报文信息 Tele。报文信息是 BCSWFIT 系统中传输和存储的主要内容，是指金融机构之间为实现跨境金融信息交互、完成跨境资产清算和结算以加密电文的形式传输的报文。报文信息通过 $Tele_{ID}$（报文信息 ID）全系统唯一标识，每一条报文对应唯一的 ID，同时一个 ID 也只能唯一对应一条报文信息。每一条报文信息在时间切片内只能被传递一次，但每条报文可以包含多项金融交易信息。主网络层的报文主要由两部分组成——报文头和报文体。报文头主要包括发送方 ID、接收方 ID、发送时间（Time）、报文类型（Type）、加密算法（Encryption）、数字签名（Signature）、报文哈希值（HAS Content）；报文体由报文内容（Content）组成。同一报文的发送方 ID 不能等于接收方 ID。在主网络层中，发送方 ID、接收方 ID 分别为 $SenF_{ID}$、$RecF_{ID}$。二级金融机构发送或接受跨境报文信息，借助其隶属的一级金融机构附加网络层中的报文头不包含报文哈希值这一项。

（3）协调节点 Cor。协调节点是所有股东机构成立的管理委员会的代理机构在 BCSWIFT 系统中的投射。在收集到全网报文数据后，将待验证数据发送到验证群组，对合规数据进行建块，并广播最新联盟链状态。该节点不参与共识，只负责忠实维护系统的安全健壮、准确可靠。对新进节点进行审核，通过在现实世界中签订合作协议，帮助新进入机构获得系统的接入权，并对其进行业务指导，提供必要的软件以及硬件基础设施。协调节点对验证节点进行动态随机筛选，组织共识验证过程。

（4）用户节点 User。用户节点是除协调节点以外的节点，是金融机构在 BC-SSWIFT 的网络投射。从网络结构的角度划分，用户节点分为主网络节点 UserF 和附加网络节点 UserS，即 $User = UserF \cup UserS$；从报文发送双方的角度划分，用户节点分为报文发送方和报文接受方，即 $User = SenF \cup SenS \cup RecF \cup RecS$。

（5）验证节点 Ver。验证节点是对报文信息进行审核、参与共识，并将数据写入区块链的用户节点。在主网络层中，验证节点 VerF 由协调节点从全部用户节点中选出大于 2/3 组成验证群组。在附加层中，验证节点 VerS 为一级金融机构，该验证节点对二级金融机构发送的报文信息进行审核，审核通过后向主网络层发起报文发送信息，并计入其私有链中。当二级金融机构接收到报文时，也通过一级金融机构进行验证，并计入其私有链。

（6）记账节点 Led。记账节点是除验证节点之外的节点，在随机动态选出验证节点后，剩余的节点成为记账节点。在主网络层中，记账节点负责将自身以及二级金融机构报文信息进行收集，并向协调节点和验证节点发送报文数据，待数据完成共识，接受联盟链的区块状态，完成自身联盟区块链的数据更新，在主层中记账节点和验证节点的角色可以互换。在附加层中，记账节点是除中心节点以外的节点，负责自身数据与私有链验证节点的交互，维护本地私有链。

（7）并行报文区块链。在 BCSWIFT 系统中，拥有二级金融机构（SFI）的一级金融机构节点（FIWS）同时维护两条并行的区块链，即主网络层的联盟链（Consortium Blockchain，CBC）和附加层的私有链（Private Blockchain，PBC）。在主网络层中通过 IPBFT 共识机制维护主网络层的区块链，在附加层中通过 RSL 共识机制维护附加层中的区块链。FIWS 将通过验证后的二级金融机构的报文信息，写入 BCSWIFTPBC 中，同时主网络层的验证节点将该条报文信息写入 BCSWIFTCBC 中。

共识算法。BCSWIFT 共识算法的核心思想是：对于不同的网络层采用不同的共识算法，拥有二级金融机构的一级金融机构参与两种共识机制，并维护两条并行区块链。IPBFT 适用于主网络层，RSL 适用于 FIWS 与其隶属的 SFI 组成的星型拓扑网络中。

第一，IPBFT 算法。算法描述：IPBFT 中报文数据区块的记账权由协调节点享有，验证节点负责对收集到的数据进行合规性审查，在审查完成后将全部数据进行哈希运算并将结果返回到协调节点，协调节点在收集到超过全网 2N/3 验证节点的一致性验证后，建立报文数据区块，并将新生成的区块与前置区块相连接，同时将区块的最新高度广播到全网。通过验证后的报文数据区块将被永久地记录到 BCSWIFTCBC 中。

算法 1：验证节点对报文数据进行审核

输入：全网报文数据集

输出：通过审核的报文数据集

```
Algorithm: Ver check OrgTele [ ]
Import: OrgTele [ ]
Outport: TureTele [ ]
for i in OrgTele [Tele]:                    //加载全网报文数据
    check (Tele_ID)                         //查验报文 ID
    check (Time)                            //查验报文发送时间
    check (senF_ID)                         //查验报文发送方
```

check（$recF_{ID}$）　　　　　　　　//查验报文接收方

check（Type）　　　　　　　　　　//查验报文类型

check（HAS Content）　　　　　　 //查验报文的哈希

check（Encryption）　　　　　　　//查验加密算法

check（Signature）　　　　　　　 //查验数字签名

if $senF_{ID}==RecF_{ID}$:

　　then send Tele（）back to senF　　　//如果发送方也为接收方则返回报文

else if check（$Tele_{ID}$）and check（senF）and check（recF）and check（Type）and check（Encryption）and check（Signature）= false:

　　then send Tele（）back to senF　//如果任意一个被查验项不合规则返回报文

else append（TureTele［］）　//生成合规报文数据集

end if

end for

end

算法2：协调节点建立数据区块并向全网广播

输入：审核通过的报文数据集

输出：报文区块

Algorithm：Cor generate block（TureTele［］）

Import：TureTele［］

Outport：block（TureTele［］）

for i in Ver（）:

　Compare TureTele［］of Ver　　　//对比验证节点的审核结果

　　K=i+1

　if　K>2N/3:

　　then generate block（TureTele［］）

```
    broadcast block （TureTele [ ] ）//具有相同结果的验证节点数目超
                                       过全网 2/3 生成区块并广播
  end if
end for
```

第二，RSL 算法。算法描述：RSL 算法中一级金融机构拥有控制权，并对接收到的二级金融机构的报文传输请求进行审核，审核通过后将报文信息直接记录到其私有链中，并向其他二级金融机构推送私有链的更新动态。

```
算法：一级金融机构对报文数据进行审核
输入：二级金融机构报文
输出：一级金融机构报文
Algorithm：UserF generate OrgTele [ ]
Import：UserS-OrgTele [ ]
Outport：OrgTele [ ]
for i in UserS-OrgTele [ ]：                    //加载全网报文数据
  check （Tele_ID）                             //查验报文 ID
  check （Time）                                //查验报文发送时间
  check （senF_ID）                             //查验报文发送方
  check （recF_ID）                             //查验报文接收方
  check （Type）                                //查验报文类型
  check （Encryption）                          //查验加密算法
  check （Signature）                           //查验数字签名
if  checked UserS-OrgTele [ ]
    then append （UserS-TureTele [ ] ）         //生成合规报文数据集
end if
end for
send block （UserS-TureTele [ ] ） to UserS
end
```

for i in UserS-TureTele [ ]:

exchange UserS-TureTele [ ] to OrgTele [ ] //生成一级金融报文数据集

end for

print（OrgTele [ ] ）

5.2.4 数据交互及查询机制

报文传输是 BCSWIFT 系统的重要应用之一，与现行的 SWIFT 系统基于中心控制的业务处理方式不同，也是本书着重考虑的业务场景。本书提出的 BCSWIFT 系统核心业务处理思想是分布式共识机制。因此，其具体业务流程也存在较大的区别。

5.2.4.1 报文数据交互机制

报文交互机制从信息传递的角度可以划分为报文发送、报文传输、报文接收三个阶段。依据用户主体不同可以划分为一级金融机构与一级金融机构之间的报文传输、一级金融机构与二级金融机构之间的报文传输、二级金融机构与二级金融机构之间的报文传输三种类型，这三种报文根据其业务的请求发出者可以划分为由一级金融机构发起的报文传输业务和由二级金融机构发起的报文传输业务。

报文传输以金融机构的业务需要为前提，当一级金融机构根据业务需求发送报文时，直接将报文编码向 BCSWIFT 系统发起请求，报文信息通过验证和共识后便会向报文接收方发送，一级金融机构接收到报文后，将报文进行解密，如果报文接收方为二级金融机构，则将报文信息传递给二级金融机构，二级金融机构根据报文信息进行业务处理。

当二级金融机构收到业务请求时，会向隶属的一级金融机构进行报文传输请求，一级金融机构对报文信息进行重新编码后，向 BCSWIFT 系统发送请求，报文信息通过验证和共识后便会向报文接收方发送，一级金融机构接收到报文后，将报文进行解密，如果报文接收方为二级金融机构，则将报文信息传递给二级金融机构，二级金融机构根据报文信息进行业务处理。具体流程如图 5-10 所示。

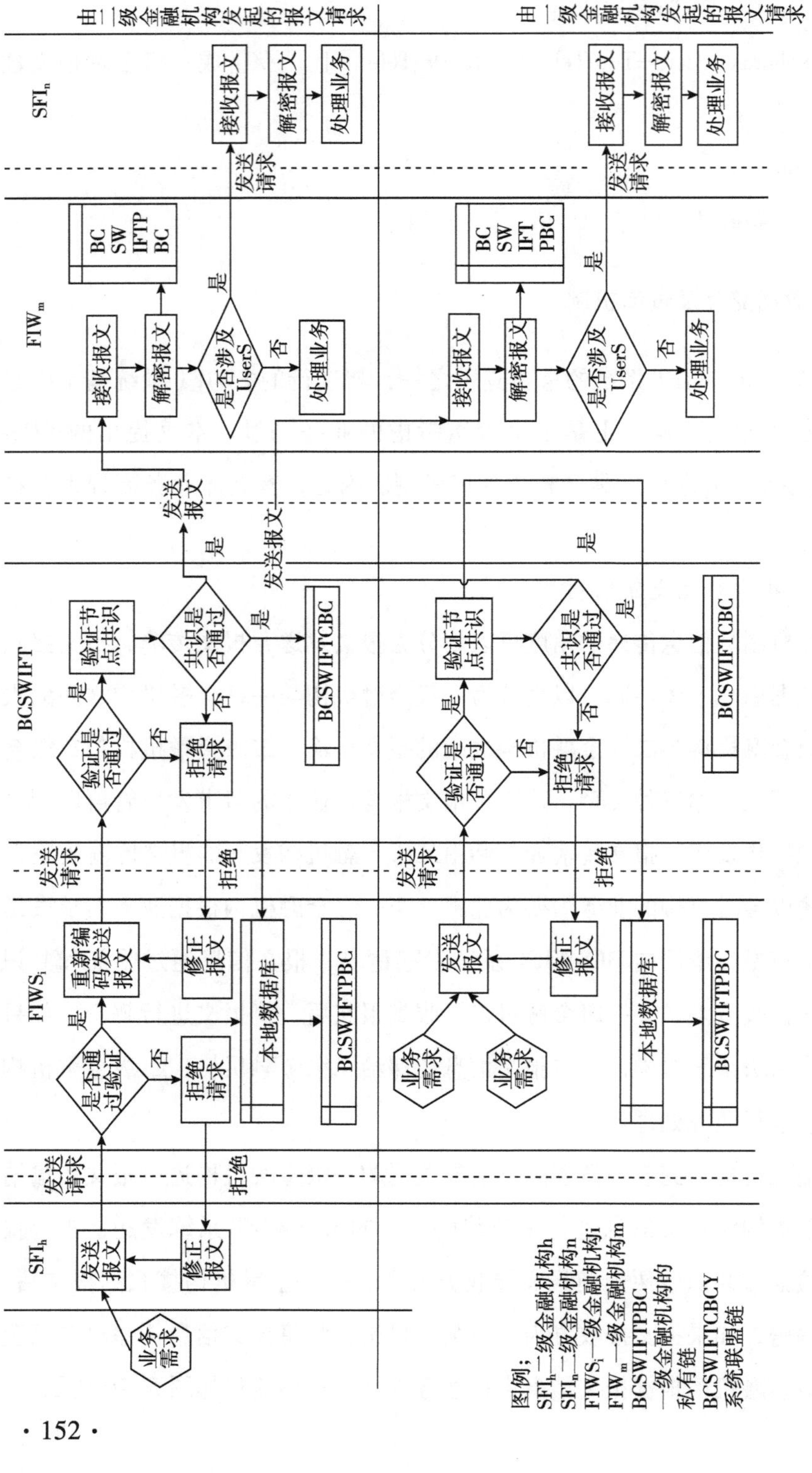

图 5-10 BCSWIFT 系统报文交互流程

资料来源：笔者绘制。

5.2.4.2 数据查询机制

金融机构在处理跨境金融业务过程中，除了以报文为载体传输业务信息外，还需要银行对账单等机构业务处理汇总数据，以实现资金或资产的清算、结算和交割。因而，BCSWIFT 系统除为金融机构提供报文传输的交互机制外，还支持金融机构为完成资金或资产的清算、结算和交割等业务活动而向系统发起获得报文记录的查询请求，而基于对金融机构业务数据进行保护的考虑，数据的公开范围和查询权限受到限制。

数据查询的种类根据发起金融机构的种类不同，可以划分为一级金融机构发起的查询和二级金融机构发起的查询。一级金融机构发起的查询可以分为附加层网络的查询和主网络层的查询，即对 BCSWIFTPBC 的数据查询和对 BCSWIFTCBC 的数据查询。二级金融机构发起的查询可以分为附加层网络的查询和主网络层的查询，即对 BCSWIFTPBC 的数据查询和对 BCSWIFTCBC 的数据查询。

一级金融机构在附加网络层具有最高权限，可以随时调取 BCSWIFTPBC 的全部数据，而不需要经过二级金融机构的同意，一级金融机构虽具有数据访问的最高权限却无法对 BCSWIFTPBC 中的数据进行修改，在一定程度上可以避免一级金融机构的道德风险和操作风险。一级金融机构对 BCSWIFTCBC 的数据查询，则需要经过协调节点的审证，协调节点作为全体参与者组成的管理委员在网络中的投射可以很好地代表全体参与者的意愿，由其对查询请求进行审证，可以体现全部参与者的意愿，符合 BCSWIFT 系统金融机构商业联盟的根本运营性质。通过审证后，BCSWIFTCBC 系统将返回查询结果。审证标准包括合理性和合规性两个方面。合理性是指一级金融机构请求查询的数据在 BCSWIFT 联盟中规定的数据查询业务场景提供的数据范围内。合规性是指一级金融机构数据查询的请求指令应该符合 BCSWIFT 联盟的统一规范，同时请求指令发送的频率在安全阈值内。审证环节意在防止恶意节点通过数据查询窥探其他节点的商业信息，也防止利用数据查询进行“粉尘”攻击，而并非赋予协调节点某种类中心化的权限。审证环节的主要流程也围绕审证标准的三个方面展开：首先是合理性审查；其次是合规性审查；最后是查询次数限定。

二级金融机构发起对 BCSWIFTPBC 的数据查询请求，由其隶属的一级金融机构负责审核，通过审核后系统向二级金融机构返回查询结果。二级金融机构对 BCSWIFTCBC 的数据查询请求，由其隶属的一级金融机构审核，并重新以一级金融机构的名义向协调中心发送查询请求，审证通过后，将 BCSWIFTCBC 返回的查询结果向二级金融传递。具体流程如图 5-11 所示。

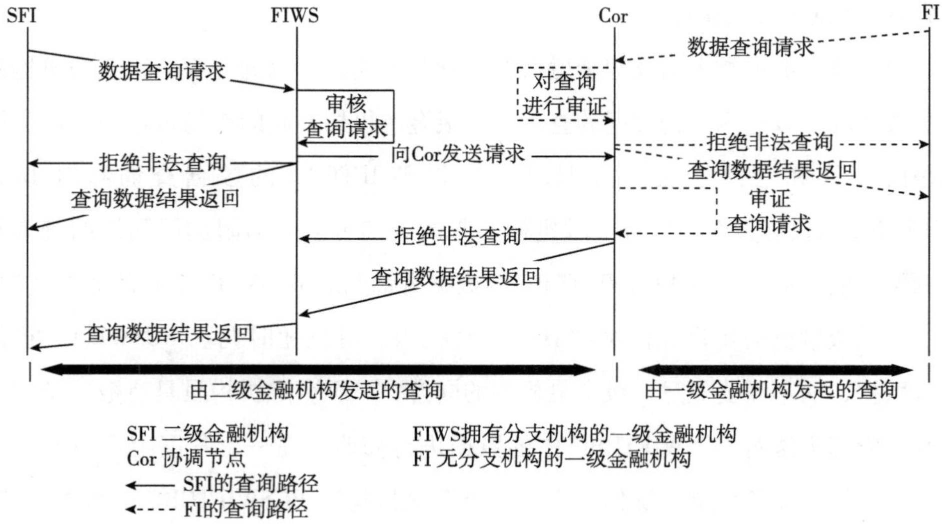

图 5-11 BCSWIFT 系统数据查询机制

资料来源：笔者绘制。

5.3 基于区块链的商业银行跨境支付业务模型[①]

商业银行提供的跨境支付业务是我国整个跨境支付业务体系中最重要的一部

① 该部分的主要内容已经申请国家发明专利，专利申请号为 201910061054. 1。

分。商业银行跨境支付业务的优化对降低我国跨境支付成本、提升跨境支付交易效率具有重要意义。现阶段，国内外大型商业银行已经注意到区块链技术在跨境支付业务领域中的应用潜力，并进行了相应的业务探索。以此为背景，本节将提出一种基于区块链的面向我国商业银行跨境支付业务的新型支付模式，并结合具体实例对此种业务模式进行介绍。此模式，不仅借鉴了基于区块链的数字货币的技术特点，也兼顾了商业银行业务合规性的需求。

5.3.1 基于区块链的商业银行跨境支付业务模型

现阶段，基于数字货币实现跨境支付的本质在于将数字货币作为一种价值承载体或中介体，利用数字货币的虚拟性和无实体性将传统跨境支付业务中的跨境金融通信和资金结算环节合二为一，进而减少跨境支付业务的中间环节，提高交易的运行效率，并降低业务成本。然而，特定数字货币本身往往存在总量限制，与现实经济体的运行难以匹配，非中心化的数字货币不受相关政府部门的监管，在实际使用中往往面临较大的政策风险。基于此，本书提出借鉴数字货币运行模式，同时便于政府部门监管且可以与现实经济体的国际收支状况相匹配的基于区块链的商业银行跨境支付业务模型。

在基于区块链的商业银行跨境支付业务模型（见图 5-12）主要包含的要素有：

（1）基于联盟链的跨境支付系统。各国商业银行共同开发构建基于联盟链的跨境支付系统，每个商业银行都是联盟链中的节点，并利用智能合约在系统中买卖中介币。

（2）中介币。中介币是系统中作为不同法定货币之间价值流转的虚拟币，是系统中的基础记账符号，不同国家的商业银行通过在系统中买卖中介币实现价值的转换，进而完成跨境支付业务。中介币作为一种系统内的记账符号其本身并没有价值，在系统流转中体现的价格或者价值只是某一法定货币（如美元）或由某些特定货币（如人民币、美元、欧元、日元等）组成的“货币篮子”在系统中的价值映射，换言之，中介币的价值是锚定于特定法定货币的记账符号。其使用过程可以用以下简单的示例进行阐述，例如，中国的商业银行 H 通过智能合约在系统中利用人民币买入中介币，并将购入的中介币转移给美国的商业银行 M，商业银行 M 将收到的中介币通过智能合约在系统中卖出获取美元，进而实现资金由商业银行 H 到商业银行 M 的跨境支付转移。

（3）资金池。跨境支付系统中的资金池由参与系统的商业银行共同出资设立，根据商业银行之间签订的协议确定各个商业银行所缴纳的资金数量和币种，资金池中的资金包括两部分：一部分为商业银行缴纳的抵押金，用于风险控制，一旦出现流动性不足或商业银行违规行为，将用于补充流动性或进行赔偿；另一部分为流动资金，用于在系统中进行兑换。一方面，商业银行从资金池中购买中介币，中介币的数量减少，而商业银行购买中介币向资金池中补充的法定货币会自动转化为中介币，进而保证资金池的总资金量不会减少；另一方面，商业银行向资金池内卖出中介币，资金池中的中介币会增多，而商业银行卖出中介币而得到法定货币，会使资金池内的法定货币数量减少，资金池中的中介币数量也会减少，进而保证资金池内的中介币数量不会减少。此外，由于中介币只充当了记账符号，因而构建资金池也不需要各个商业银行缴纳实体的法定货币或者黄金，其实质是在区块链系统中由各个商业银行共同维护的“账本”。

（4）商业银行跨境支付备付金平衡账户。该账户由商业银行自己维护并采用复式记账法进行记录。该账户记录商业银行与资金池的中介币往来项目，各商业银行通过对比自己维护的跨境支付备付金平衡账户的内容与资金池中记录的涉及本银行的交易记录进行对账，进而确保整个系统中交易的准确性和账户的平衡。

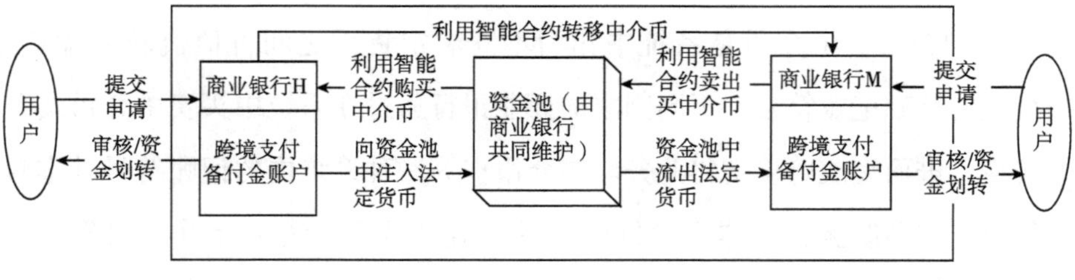

图 5-12　基于区块链的商业银行跨境支付模型机理

资料来源：笔者绘制。

5.3.2 基于区块链的商业银行跨境支付业务办理示例

本书以个人用户的跨境汇款业务对基于区块链技术的商业银行跨境支付业务模型的基本流程进行阐述（见图 5-13）。

（1）基本业务内容。用户 A 借助 E 国商业银行 C 的移动客户端通过指纹识别装置向在 F 国商业银行 D 开立银行本币账户的用户 B 进行网上跨境支付 5000 元的 F 国货币，折合 E 国货币为 500 元。

（2）业务流程。第一，商业银行 C 与商业银行 D 签订合作协议，二者同为跨境支付系统的成员单位，并共同参与出资设立商业银行跨境备付金资金池，并各自设立商业银行外汇备付金账户，商定本国货币与中介币之间的兑换比率。

第二，用户 A 向商业银行 C 提出开立商业银行本币账户申请并提交了相关证明材料，商业银行 C 对用户 A 提供的资料进行审核，审核通过后为用户 A 开立本币账户，用户 A 在账户中存入 500 元 E 国货币。

第三，用户认证和授权。手机 App 为商业银行 C 提供的用户移动客户端，用户利用手机 App 通过指纹识别装置登录银行本币账户，并利用认证模块对用户商业银行本币账户进行认证和授权。

第四，发起转账指令。在银行本币账户中，用户向商业银行 C 提出向用户 B 跨境支付 5000 元 F 国货币，并将用户 B 的开户银行 D 告知商业银行 C，同时提供相应的申请证明材料。

第五，商业银行审核。商业银行 C 对用户 A 的申请以及相关材料进行审核，并查询商业银行 D 是否为跨境支付系统成员单位。

第六，基于区块链的跨境支付系统完成跨境支付业务。用户 A 的申请通过后，商业银行 C 在跨国支付系统中查询可用额度，利用智能合约购入与 500 元 E 国货币等价的中介币，并设置智能合约将中介币转移支付到商业银行 D，商业银行 D 收到中介币后，利用智能合约将中介币卖出，获得 5000 元 F 国货币，并将相应资金存入用户 B 在商业银行 D 中的本币账户。

第七，业务结果返回用户。跨境支付交易完成，商业银行 D 与商业银行 C 通

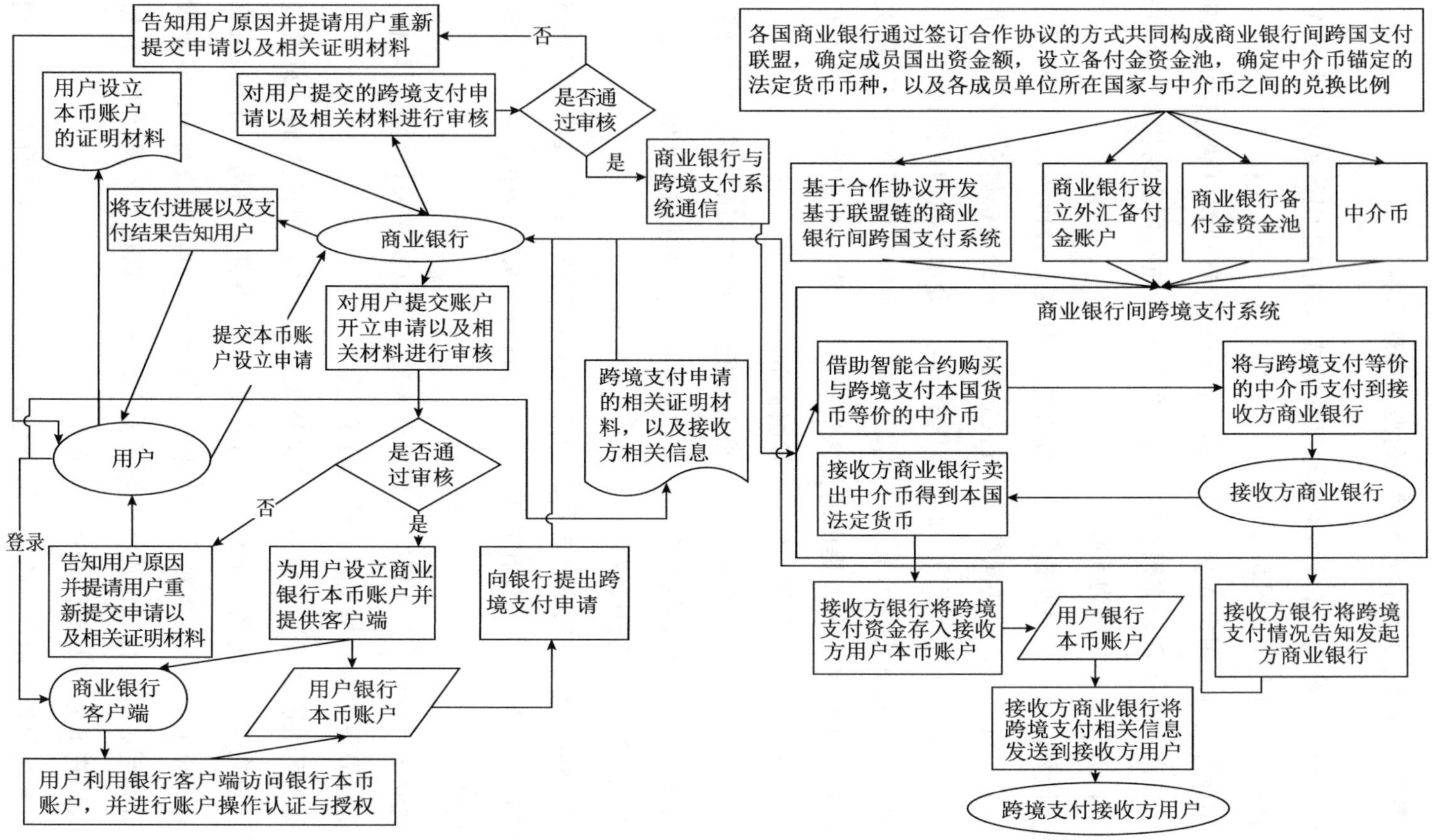

图 5-13　基于区块链的商业银行跨境支付业务模型整体业务流程

资料来源：笔者绘制。

信，告知支付进展与支付结果，商业银行 C 将支付进度与支付结果向用户 A 转达。

第八，商业银行根据完成的跨境支付业务更新跨境支付备份金账户状态。商业银行 C 将相应支付记录记入商业银行 C 的银行外汇备付金账户，商业银行 D 将相应支付记录记入商业银行 D 的银行外汇备付金账户，商业银行间跨境支付系统将相关支付记录记入联盟链中。由于区块链具有去中心化、不可篡改、安全可靠等特点，因此，采用本实施方式，可以保证实际支付过程的安全可靠，确保实际货币准确转账至收款方实际账户，同时基于现有商业银行监管体系，充分发挥商业银行在金融监管中的重要作用，使本发明提出的支付方式具有可控匿名性、可监管性、可追溯性和不可篡改性。

5.4 本章小结

区块链技术作为新兴的信息技术，在跨境支付业务领域具有广阔的应用前景。本章采用演化博弈模型分析了跨境支付服务商是否会采纳区块链技术。从普适性、运行效率等维度分析了跨境支付服务商采纳区块链技术的最优路径。结合跨境金融通信运营商的跨境报文业务和商业银行的跨境汇款业务，提出了基于区块链的 SWIFT 系统分布架构和商业银行跨境支付模型。

6 结论与展望

6.1 结论

本书围绕跨境支付市场结构与竞争策略展开研究，在系统梳理和回顾现有关于跨境支付市场与竞争策略的相关研究的基础上，分析我国跨境支付市场结构的演变历程，并重点介绍了我国现阶段跨境支付市场的市场结构，以此为基础，分析了跨境支付服务商的市场竞争策略。同时，鉴于区块链技术在跨境支付业务中的应用价值受到广泛关注与认可的现实，探讨了在区块链技术兴起背景下的跨境支付服务商竞争策略，研究和提出了具体的采纳区块技术的应用方案。全书结论如下：

6.1.1 跨境支付市场结构

以历史事件为线索，将我国跨境支付市场的发展划分为六个阶段，即跨境支付市场萌芽时期、跨境支付业务初步拓展时期、中国银行独家运营跨境支付时期、跨境支付市场初步形成时期、跨境支付市场快速发展时期、跨境支付市场不断完善和调整并趋于成熟时期。

通过分析，指出前五个历史时期的市场结构经历了完全竞争市场、政府垄断市场、商业银行垄断市场、商业银行垄断下非银行支付机构参与竞争的市场四个阶段的演变历程。

对比发现，我国现阶段跨境支付市场特征与现有市场结构理论存在冲突。进而基于跨境支付市场特征、产业分工专业化等，指出了现阶段我国跨境支付市场结构为有限垄断竞争市场，即市场中的每一个厂商既是有限垄断者又是有限竞争者。

采用数理模型对有限垄断竞争的跨境支付市场进行分析发现：大型服务商依赖其自身的用户规模在市场中的定价往往高于中小型服务商。市场竞争激烈程度越高，用户黏性的重要性就越高。网络外部性直接影响跨境支付市场中的社会福利水平，政府作为公共基础设施的建设者应该积极加强跨境支付基础金融设施的建设。

6.1.2 跨境支付服务商的市场竞争策略

商业银行传统国际结算业务市场竞争策略如下：①积极利用网络外部性带来的有利影响，扩大业务规模和业务总量。②采用差别定价机制，对具有较小网络外部性的业务采取低价策略，对具有较高网络外部性的业务采取高价策略，以实现收益最大化。③拓展跨境支付服务产品，满足用户的多样化、个性化需求，在业务推广过程中注重采用产品组合推广策略，提升消费者对多样性的偏爱程度。

商业银行通过服务于支付机构，进而参与跨境电子商务支付结算业务竞争的市场策略如下：①跟随者银行应该积极与支付机构合作以扩展其市场份额。②领先者银行应充分利用先发优势，以低价策略，积极扩大市场份额；待跟随者银行逐渐进入市场后，可以通过适当的提价策略以实现利润的最大化。③无论是领先者银行还是跟随者银行，都应该注重产品的差异化。④商业银行在与支付机构合作开展跨境电商支付业务的过程中，应积极提高其汇兑风险应对能力，充分利用其自身所具有的外汇市场信息优势，获取汇兑收益。

支付机构跨境支付业务市场竞争策略如下：①支付机构开展跨境支付业务应该立足于跨境电子商务活动中的支付需求，通过为从事跨境电商活动的商户和使用者提供安全、便捷的支付服务，推动跨境电商的发展，进而获得跨境电商发展带来的支付业务“红利”。②进入者支付机构在从事跨境支付业务的过程中，应该更加关注风险控制能力、风险套利能力和服务差异化。③进入者支付机构应积极拓展市场，不仅要积极与在位者跨境电商平台企业谋求合作，也应该积极与进入者跨境电商平台企业谋求合作，以扩大市场份额。④在位者应充分重视其具有的先发优势，获取竞争优势。

6.1.3 区块链技术兴起背景下跨境支付服务商的竞争策略

基于演化博弈模型的分析结果表明：当采纳区块链技术获得市场增量收益大于技术开发风险期望损失和投入成本总和时，会有部分跨境支付服务商选择采纳区块链技术。大型跨境支付服务商相对于小型服务商更倾向于选择采纳区块链技术。

在跨境支付服务商采纳区块链技术的策略分析中，研究结果显示：不发行私人数字货币而将区块链技术视为一种新型的信息技术，以优化现有的跨境支付业务或进行业务重构，是跨境支付服务商最优区块链技术采纳策略。

在跨境支付服务商区块链技术最优采纳策略的具体应用方案研究中，结合跨境金融通信运营商和商业银行的跨境支付业务，提出了基于区块链的 SWIFT 系统分布架构和商业银行跨境支付模型。提出的基于区块链的 SWIFT 系统分布式架构，具有去中心化、可追溯、安全、高效的特征。提出的基于区块链的商业银行跨境支付业务模型，综合了基于区块链的数字货币时效性强的优势和传统商业银行跨境支付业务模式中的可监管性强的优势。

6.2 研究展望

跨境支付作为一种古老又现代的市场行为历久弥新，新时代下跨境支付市场的先进业务模式不断涌现。在此背景下，本书对跨境支付市场的市场结构以及厂商竞争策略进行了较系统的研究，讨论了区块链技术在跨境支付市场中的影响，并提出了基于区块链的跨境支付业务优化路径和模式，但其中难免有所疏漏和不足，而这些疏漏和不足也恰恰为下一步的研究明确了方向。具体而言，未来的研究方向有以下三点：

第一，有限垄断竞争市场结构研究的进一步深化和扩展。本书结合跨境支付市场的特征，指出了现阶段我国跨境支付市场的市场结构是有限垄断竞争市场。如何进一步构建有限垄断竞争的一般化模型？有限垄断竞争市场结构下消费者的福利相对于垄断竞争市场结构下的福利是损失了还是增加了？这些问题都成为进一步拓展有限垄断竞争市场结构的方向。

第二，跨境支付市场竞争策略研究中关注于同类机构之间的竞争策略，未来需要进一步探讨不同主体之间的业务交叉引起的竞争及相关竞争策略。目前，在我国跨境支付市场产业分工的背景下，探讨市场主体与其同类市场主体之间的竞争策略有一定的合理性，然而伴随着跨境支付市场的进一步发展和市场管制的放松，商业银行和支付机构等不同类型的市场主体在业务开展过程中必然会存在更多的业务重合进而不可避免地产生竞争，研究不同市场主体在同一跨境支付业务细分市场的竞争策略也成为未来需要关注的方向。此外，基于数理模型的跨境支付服务商竞争研究，在分析过程中不可避免地要提出较严格的基础假设，这些假设难免使相关竞争策略不能覆盖生产经营中的每一个环节。未来可以进一步结合定性分析的相关方法对跨境支付服务商竞争策略进行更全面的探讨和分析，或者通过放松假设条件进一步深化采纳数理模型分析跨境支付服务商竞争策略的研究。

第三，对跨境支付服务商的区块链技术采纳策略以及跨境支付服务商具体应用方案需要结合实践进行进一步的深化研究。本书在分析跨境支付服务商是否采纳区块链技术的过程中，主要考虑了成本、收益、技术开发风险以及服务商规模等主要因素，但尚未考虑跨境支付服务商的原有技术基础等因素，未来可以进一步深化相关研究。本书提出了跨境支付服务商采纳区块技术的具体方案，但由于区块链技术在跨境支付领域的应用依然处于探索期，新兴的业务模式在不断涌现，因而对区块链技术在跨境支付业务领域中的应用方案需要根据实际情况进行进一步的深入分析。

参考文献

［1］蔡亚青．我国第三方支付银行卡收单机构业务模式转变的探讨［D］．华侨大学，2016.

［2］曹宝明，辛馨．从垄断到竞争性垄断：网络经济下市场结构演进的静态博弈分析［J］．江苏社会科学，2009（5）：60-65.

［3］常鸿雁．我国第三方跨境支付现状及其发展对策研究［D］．浙江工业大学，2015.

［4］陈凡．一带一路战略下我国银行业跨境业务发展策略研究［D］．华中师范大学，2016.

［5］陈伟东，朱建明．跨境商务中的支付风险分析与对策建议［J］．管理现代化，2016，36（2）：91-94.

［6］单元媛，赵玉林．国外产业融合若干理论问题研究进展［J］．经济评论，2012（5）：152-160.

［7］傅瑜．中国互联网平台企业竞争策略与市场结构研究［D］．暨南大学，2013.

［8］傅瑜，隋广军，赵子乐．单寡头竞争性垄断：新型市场结构理论构建——基于互联网平台企业的考察［J］．中国工业经济，2014（1）：140-152.

［9］盖静．支付机构跨境支付业务模式、问题及建议［J］．征信，2019，37（1）：4-76，92.

［10］龚榆桐，李超建．中国跨境电商支付平台发展现状、问题及应对策略［J］．对外经贸实务，2018，11（2）：29-32.

［11］江海峰．区块链技术在金融行业的应用模式研究［D］．浙江大学，2018.

［12］姜琪，王璐．平台经济市场结构决定因素、最优形式与规制启示［J］．上海经济研究，2019（11）：18-29.

［13］蒋殿春．高级微观经济学［M］．北京：经济管理出版社，2017.

［14］焦茯岭．区块链跨境支付的法律问题研究［D］．华侨大学，2018.

［15］荆文君．互联网行业的市场结构特征及其福利影响研究［D］．中央财经大学，2018.

［16］兰青．XX 商业银行国际结算业务风险分析与防范［D］．山东大学，2018.

［17］李海薇．区块链技术在移动数字汇票的应用［D］．南京工业大学，2017.

［18］李怀，高良谋．新经济的冲击与竞争性垄断市场结构的出现——观察微软案例的一个理论框架［J］．经济研究，2001（10）：29-37.

［19］李洛浦．基于区块链技术的国际贸易结算新模式研究［D］．北京邮电大学，2018.

［20］李晓蕾．国际结算风险及防范研究［D］．首都经济贸易大学，2018.

［21］李言，郭建峰．我国跨境支付研究的网络结构与主题聚类——基于知识图谱的实证分析［J］．技术经济，2020，39（2）：1-7.

［22］栗田智．中国农业银行满洲里分行国际结算业务竞争战略研究［D］．内蒙古大学，2018.

［23］梁其钰．我国跨境电子商务支付面临的风险与防范机制［J］．对外经贸实务，2018，11（1）：57-60.

［24］梁尧．跨境电商支付平台的发展与应用——以 Ping Pong 跨境支付平台为例［D］．浙江大学，2017.

［25］梁莺．第三方支付机构跨境支付的法律监管研究［D］．华东政法大学，2018.

［26］林官忠．跨境电子商务第三方支付管理研究［D］．福建师范大学，2016.

［27］刘培刚．网络经济学（第二版）［M］．上海：华东理工大学出版社，2011.

［28］刘文生，乔国云，王延浩，等．新形势下个人外汇管理问题探究——基于个人跨境互联网电子支付视角［J］．金融理论与实践，2015，10（1）：106-108.

［29］卢志强，葛新锋．区块链在跨境支付中的应用研究［J］．西南金融，2018（2）：23-28.

［30］罗钢青，李海林．完善跨境支付系统［J］．中国金融，2016（2）：71-72.

［31］潘成蓉．第三方跨境电子支付驱动跨境电子商务发展的策略分析［J］．对外经贸实务，2018，3（1）：57-60.

［32］潘拥军．论美元跨境支付系统的适用规则对我国的启示［J］．国际经贸探索，2016，32（10）：57-70.

［33］乔根·W. 威布尔．演化博弈论［M］．王永钦译，上海：格致出版社，2014.

［34］乔治·斯蒂格勒．产业组织［M］．王永钦，薛锋译．上海：上海人民出版社，2006.

［35］邱兆祥，刘浩，安世友．行政垄断影响我国银行业市场结构的机理分析［J］．金融研究，2015（2）：175-191.

［36］商务部电子商务和信息化司．中国电子商务报告［M］．北京：中国商务出版社，2018.

［37］上官云艳．农业银行甘肃省分行结售汇业务竞争战略研究［D］．兰州大学，2017.

［38］沈洁．关于 A 银行跨境人民币结算业务发展的研究［D］．苏州大学，2015.

［39］盛鑫，陈长彬．政府行为对供应链金融业务协同发展的影响——基于演化博弈论的研究［J］．技术经济与管理研究，2019，2（1）：81-85.

［40］石红英．跨境电商支付平台结算问题［J］．中国金融，2018，19（1）：102.

［41］宋彪，徐莎莎，丁庆洋．“一带一路”战略下企业合作及政府监管的机会主义行为演化博弈分析［J］．管理评论，2018，30（1）：118-126.

［42］宋鹏杰．基于区块链的跨境电子商务电子支付模式研究［D］．郑州航空工业管理学院，2018.

［43］苏治，荆文君，孙宝文．分层式垄断竞争：互联网行业市场结构特征研究——基于互联网平台类企业的分析［J］．管理世界，2018，34（4）：80-100，187-188.

［44］陶涛，李广乾．平台演进、模式甄别与跨境电子商务拓展取向［J］．改革，2015：63-73.

［45］王朝阳，宋爽．一叶知秋：美元体系的挑战从跨境支付开始［J］．国际经济评论，2020（2）：36-55.

［46］王婧．中国银行济南地区国际结算业务竞争战略研究［D］．山东大学，2017.

［47］王娟娟，宋宝磊．区块链技术在“一带一路”区域跨境支付领域的应用［J］．当代经济管理，2018，40（7）：84-91.

［48］王坤．X 城商行天津分行国际结算主要风险及对策研究［D］．天津大学，2017.

［49］王乐乐．基于演化博弈论的微信运营商与银行协同营销研究［D］．兰州理工大学，2017.

［50］王帅．速卖通和亚马逊跨境电子商务支付的对比研究［D］．北京化工大学，2015.

［51］王杏平．跨境电子商务与第三方支付管理研究［J］．南方金融，2013，12（16）：54-56.

［52］王旭．区块链金融对跨境电子商务支付优化模式［J］．改革与战略，2017，33（7）：81-83.

［53］王洋．第三方平台跨境支付法律问题研究［D］．广西师范大学，2013.

［54］王颖．我国跨境电商支付交易的政府监管研究［D］．西南交通大学，2018.

［55］王瑜熳．人民币国际化趋势下我国商业银行国际结算业务竞争力分析［D］．吉林财经大学，2012.

［56］王志刚．中国房地产产业组织优化研究［D］．吉林大学，2019.

［57］韦铁，鲁若愚．基于 Hotelling 改进模型的服务创新差异化竞争战略研究［J］．管理工程学报，2013，27（3）：69-73，34.

［58］韦统郡．我国信用证结算风险防范探究［J］．新疆师范大学学报（哲学社会科学版），2015，36（9）：118-121.

［59］温馨．第三方支付机构跨境支付法律问题研究［D］．武汉大学，2017.

［60］翁东玲．第三方跨境支付机构的发展策略研究［J］．亚太经济，2018（6）：39-47，147.

［61］吴汉洪，孟剑．双边市场理论与应用述评［J］．中国人民大学学报，2014（2）：149-156.

［62］吴蕊．M 银行广州分行——跨境人民币结算业务发展策略研究［D］．暨南大学，2016.

［63］谢识予．经济博弈论（第 3 版）［M］．上海：复旦大学出版社,2007.

［64］谢众．CIPS 建设取得新进展［J］．中国金融，2018（11）：39-41.

［65］熊彼特．经济发展理论［M］．邹建平译．北京：中国画报出版社，2016.

[66] 许文鸿 . SWIF 系统：美俄金融战的博弈点 [J] . 俄罗斯东欧中亚研究，2019 (6)：17-32，148.

[67] 杨世海 . 我国第三方跨境支付法律监管研究 [D] . 西南政法大学，2016.

[68] 杨松，郭金良 . 第三方支付机构跨境电子支付服务监管的法律问题 [J] . 法学，2015 (3)：95-105.

[69] 易余胤，杨海深，张显玲 . 网络外部性下双零售商竞争的演化博弈分析 [J] . 管理科学学报，2016，19 (9)：34-48.

[70] 殷辉 . 基于演化博弈理论的产学研合作形成机制的研究 [D] . 浙江大学，2014.

[71] 于戈，聂铁铮，李晓华，等 . 区块链系统中的分布式数据管理技术——挑战与展望 [J] . 计算机学报，2021 (1)：28-57.

[72] 袁勇，王飞跃 . 可编辑区块链：模型、技术与方法 [J] . 自动化学报，2020，46 (5)：831-846.

[73] 袁勇，王飞跃 . 区块链技术发展现状与展望 [J] . 自动化学报，2016，42 (4)：481-494.

[74] 詹学刚 . "一带一路" 战略下海外跨境并购中支付方式的建模分析 [J] . 现代管理科学，2016 (9)：118-120.

[75] 张海涛 . PayPal 公司在中国市场第三方支付业务营销策略研究 [D] . 黑龙江大学，2015.

[76] 张进 . 跨境外汇支付业务监管 [J] . 中国金融，2018 (1)：96-97.

[77] 张鹏坤 . WY 支付公司跨境支付业务发展战略分析 [D] . 对外经济贸易大学，2017.

[78] 张夏恒 . 跨境电子商务支付表征、模式与影响因素 [J] . 企业经济，2017，36 (7)：53-58.

[79] 张晓明 . 国际结算 [M] . 北京：清华大学出版社，2013.

[80] 张颖梅 . 网络第三方支付法律监管制度研究 [D] . 东北财经大

学，2018.

［81］赵建雷．基于演化博弈论的银行与房企合作共赢信贷策略研究［D］．云南师范大学，2014.

［82］赵杰．论垄断［D］．中共中央党校，2006.

［83］赵俊峰．中小跨境电商企业对第三方支付的使用意愿研究［D］．安徽财经大学，2018.

［84］赵小娟，朱建明．第三方跨境电子支付发展战略研究［J］．当代经济管理，2015，37（12）：60-64.

［85］赵增奎．区块链开创国际贸易跨境支付新模式［J］．企业经济，2017，36（9）：163-168.

［86］郑彧．自贸区背景下跨境电子支付的若干法律问题［J］．学术月刊，2014，46（5）：51-56.

［87］中国人民银行上海总部课题组．区块链技术对支付清算系统发展的影响及应用前景研究［J］．上海金融，2018（4）：37-41，78.

［88］中国人民银行数字货币研究项目组．从 SWIFT 黑客事件看金融网络安全［J］．中国金融，2016（17）：43-44.

［89］中国人民银行支付结算司．2018 年支付体系运行总体情况［EB/OL］．http：//www. p bc. gov. cn/zhif ujies uansi/128525/128545/128643/3787878/index. html.

［90］周浩，朱卫平．销售成本、垄断竞争与产品多样性［J］．管理科学学报，2008，11（5）：23-32.

［91］周莉萍，于品显．跨境电子商务支付现状、风险与监管对策［J］．上海金融，2016（5）：73-78.

［92］周哲英．银行机构结售汇业务网点优化布局研究——基于湖南的调查分析［J］．武汉金融，2014（3）：53-55.

［93］朱建明，丁庆洋，高胜．基于许可链的 SWIFT 系统分布式架构［J］．软件学报，2019，30（6）：1594-1613.

［94］朱建明，高胜，段美娇，等．区块链技术与应用［M］．北京：机械工业出版社，2017.

［95］祝树民．SWIFT 与金融业跨境发展［J］．中国金融，2015（3）：47-49.

［96］祝晓芸．交通银行内蒙古分行国际结算业务竞争战略研究［D］．内蒙古大学，2012.

［97］Adriano D. L.，Mei A.，Stefa J. Consensus Robustness and Transaction de-anonymization in the Ripple Currency Exchange System［C］. 2017 IEEE 37th International Conference on Distributed Computing Systems（ICDCS）. IEEE，2017.

［98］Albert M. M. Implementing Cross-border Payment，Clearing and Settlement Systems：Lessons from the Southern African Development Community［J］. Research Journal of Finance and Accounting，2013，4（13）：195-201.

［99］Anca D. C. Cross-Border Service Payments under EU Fair Competition and Sepa Rules［J］. European Competition Journal，2012，8（2）：403-428.

［100］Arkolakis C.，Costinot A.，Donaldson D.，Rodríguez-Clare A.，The elusive pro-competitive effects of trade［D］. City of New Haven：Yale University. Mimeo，2015.

［101］Armstrong M. Competition in Two-side Markets［J］. RAND Journal of Economics，2006（37）：668-691.

［102］Bain J. S. Barriers to New Entry. Cambridge［M］. MA：Harvard University Press，1956.

［103］Bain J. S. Industrial Organization［M］. New Jersey：John Wiley & Sons，Inc.，1959.

［104］Baker J. B.，Bresnahan T. F. The Gains from Merger or Conclusion in Product Differentiated Industiies［J］. Journal of Industrial Economics，1985（33）：427-447.

［105］Bank for International Settlements. Cross-border retail payments［EB/

OL］. https：//www. bis. org/cpmi/publ/d173. htm，2018-09-17.

［106］ Basimanyane K. The Legal Implications of Electronic Letter of Credit as a Cross Border Trade Payment Mechanism：Botswana as a Case Study ［D］. Pretoria：University of Pretoria，2016.

［107］ Bauer P. W.，Feer G. D. Scale Ecoonmies，Cost Eiffeiencies，and Technological Changer in Federal Reserve Payments Processing ［J］. Journal of Money，Credit，and Banking，1996，28（4）：23-41.

［108］ Behrens K.，Murata Y. General Equilibrium Models of Monopolistic Competition：A New Approach ［J］. Journal of Economic Theory，2007（136）：776-787.

［109］ Benassy J. P. Taste for Variety and Optimum Production Patterns in Monopolistic Competition ［J］. Economics Letters，1996，52（1）：41-47.

［110］ Bertoletti P.，Etro F. Monopolistic Competition when Income Matters ［J］. The Economic Journal，2017，603（127）：1217-1243.

［111］ Bilbiies F.，Ghironi F.，Melitz M. Endogenous Entry，Product Variety，and Business Cycles ［J］. Journal of Political. Economic，2012（120）：304 - 345.

［112］ Bolt W. S. Economics of Payment Card：A Status Report ［J］. Economic Perspectives，2008，193（12）：1-36.

［113］ Broom D. Cross-border Payments Systems：Regulation，Innovation and the Impact of New Entrants ［J］. Journal of Payments Strategy & Systems，2015，9（2）：156-163.

［114］ Casu B.，Wandhöfer R. The Future of Correspondent Banking Cross Border Payments ［J］. SWIFT Institute，SWIFT Institute Working Paper No. 2017-001，2018（10）：1-63.

［115］ Dhingra S.，Morrow J. Monopolistic Competition and Optimum Product Diversity under Firm Heterogeneity ［J］. Journal of Political Economy，2019，127（1）：196-232.

[116] Dixit A. K., Stiglitz J. E. Monopolistic Competition and Optimum Product Diversity [J]. The American Economic Review, 1977, 67 (3): 297-308.

[117] Economides N. E. Katsamakas. Two - sided Competition of Proprietary vs. Open Source Technology Platforms and the Implications for Software Industry [J]. Management Science, 2006 (52): 1057-1071.

[118] eServGlobal. The Cross-Border Payments Landscape [EB/OL]. https://www.rns-pdf.londonstockexchange.com/rns/9308A_ 1, 2018-09-17.

[119] Emmi M., Heiko S. and Tuomas T. Convergence of European Retail Payments [J]. Journal of Banking and Finance, 2015 (50): 81-91.

[120] Financial Infrastructure Department. Interdependencies of Payment and Settlement Systems: The Hong Kong experience [J]. Hong Kong Monetary Authority Quarterly Bulletin, 2009 (3): 1-6.

[121] Financial Infrastructure Department. Multi-currency Cross-border Payment Arrangements between Hong Kong and Mainland China [J]. Hong Kong Monetary Authority Quarterly Bulletin, 2009 (6): 1-5.

[122] Frederik A., Karame G. O., Mandal A., et al. Ripple: Overview and outlook [M]. Cham: Springer-Velag, 2015.

[123] Friedman D. Evolutionary Game in Economics [J]. Econometria, 1991, 59 (3): 637-666.

[124] Gaurav G., Ganesh V., Sunil G. P., Rohit S. Top 10 Tends in Payments Capgemini [EB/OL]. Https: www.capge mini.com/payments, 2018-10-12.

[125] Gillis B., Pillay R. A Review of Payments Interoperability in the Southern African Development Community Region [J]. Journal of Payments Strategy & Systems, 2012, 6 (2): 144-158.

[126] Guo Z., Kauffman R. J., Lin M., et al. Mechanism Design for Near Real-time Retail Payment and Settlement Systems [C]. 2015 48th Hawaii International Conference on System Sciences. IEEE, 2015: 4824-4833.

[127] Hayashi F. The Economics of Payment Card Fee Structure [EB/OL]. https://ideas. re pec. or g/p/f ip/fedkrw/rwp08-06. html.

[128] Hope-Bailie A., Thomas S. Interledger: Creating a Standard for Payments [C]. Proceedings of the 25th International Conference Companion on World Wide Web. International World Wide Web Conferences Steering Committee, 2016: 281-282.

[129] IBM. Let's Settle Payments in Seconds not Days [EB/OL]. https://www. ibm. com/bloc kchain/solutions/world-wire.

[130] Janczuk-Gorywoda A. Evolution of Eu Retail Payments Law [EB/OL]. https://papers. ssrn. com/so l3/papers. cfm? abstract_ id=2694426.

[131] Jonas H., Stefan H. The New Normal: Market Cooperation in the Mobile Payments EcoSystem [J]. Electronic Commerce Research and Applications, 2015 (14): 305-318.

[132] Katz M. L., Shapiro C. Network Externalities, Competition, and Compatibility [J]. The American Economic Review, 1985, 75 (3): 424-440.

[133] Kauko K. The Mixed Oligopoly of Cross-border Payment Systems [J]. Bank of Finland Research Discussion Papers, 2005 (11): 1-35.

[134] Kimball M. S. The Quantitative Analytics of the Basic Neomonetarist Model [J]. Social Science Electronic Publishing, 1995 (27): 1241-1289.

[135] KPMG Service Pte. Cross-border Interbank Payments and Settlements: Emerging Opportunities for Digital Transformation [EB/OL]. https://www. mas. gov. sg/-/media/MAS/ProjectUbin/Cross-Border-Interbank-Payments-and-Settlements, 2018.

[136] Krugman P. Increasing Returns, Monopolistic Competition and International Trade [J]. Journal of International Eco-nomics, 1979 (9): 469-479.

[137] Leibbrandt G. Establishing Compatibility between Europe's Payment Systems [J]. International Journal of Industrial Organization, 2010, 28 (1): 69-73.

［138］ Lipis L. ， Adams C. Cross-border Low-income Payments and Regional Integration：Supporters and Disabilities ［J］ . SWIFT institute Working Paper，2014 （11）：1-40.

［139］ Luzio A. D. ， Mei A. ， Stefa J. Consensus Robustness and Transaction De-Anonymization in the Ripple Currency Exchange System ［C］ . IEEE，International Conference on Distributed Computing Systems. Amrica：IEEE，2017：140-150.

［140］ Mainelli M. ， Milne A. The Impact and Potential of Blockchain on Securities Transaction Lifecycle ［J］ . Social Science Electronic Publishing，2016 （1）：1-18.

［141］ Mainelli M. ， Milne A. The Impact and Potential of Blockchain on Securities Transaction Lifecycle ［J］ . SWIFT Institute Working Pape，2016 （5）：1-81.

［142］ Ma Q. Research on the Payment Management of Cross-border Electricity Business ［C］ . 2016 International Conference on Economy，Management and Education Technology. France：Atlantis Press，2016：1-4.

［143］ Mastercard. Mastercard Send TM for Cross - Border Payments ［EB/OL］ . https：//www. maste rcard. us/en-us/issuers/products-and-solutions/customer-needs/consumer-solutions/crossborder-remittances. html.

［144］ Maurice H. D. Capitalist Enterprise and Social Progress ［M］ . London：G. Routledge，1925.

［145］ Maynard S. J. Evolution and the Theory of Games ［M］ . Cambridge：Cambridge University Press，1982：57-89.

［146］ Maynard S. ， Price G. B. The Logic of Animal Conflict ［J］ . Nature，1973 （246）：15-18.

［147］ Maynard S. The Theory of Games and the Evolution of Animal Conflicts ［J］ . Journal of Theoretical Biology，1974 （74）：209-221.

［148］ McGee G. ， Perez-Saiz H. The Role of Non-Banks as Payment Providers ［EB/OL］ . https：//pdfs. semanticscholar. org/3c82/602c029915ee9c8bdbf2d9cbfc46 ddb36fd5. pdf.

[149] Mills, David, Kathy Wang, Brendan Malone, Anjana Ravi, Jeff Marquardt, Clinton Chen, Anton Badev, Timothy Brezinski, Linda Fahy, Kimberley Liao, Vanessa Kargenian, Max Ellithorpe, Wendy Ng, and Maria Baird. Distributed Ledger Technology in Payments, Clearing, and Settlement [EB/OL]. https://www. federalreserve. gov/econresdata/feds/2016/files/2016095pap. pdf.

[150] Nakamoto S. Bitcoin: A Peer-to-peer Electronic Cash System [EB/OL]. https://git. dhimmel. com/bitcoin-whitepaper/.

[151] Nash J. F. Equilibrium Points in n-person Games [J]. Proceedings of the National Academy of Sciences, 1950, 36 (1): 48-49.

[152] Ottaviano G. I. P., Thisse J. F. Monopolistic Competition, Multiproduct Firms and Optimum Product Diversity [EB/OL]. http://cadmus. eui. eu/bitstream/handle/1814/716/ECO 99-31. pdf, 1999-03-05.

[153] Qiu T., Zhang R., Gao Y. Ripple vs. SWIFT: Transforming Cross Border Remittance Using Blockchain Technology [J]. Procedia Computer Science, 2019 (147): 428-434.

[154] Rhee C., Sumulong L. Regional Settlement Infrastructure and Currency Internationalization: The Case of Asia and the Renminbi [EB/OL]. https://papers. ssrn. com/sol3/papers. cfm? abstract_ id=2391112.

[155] Rochet J. C., Jean T. Two-side Markets: An Overview [J]. Institut d' Economie Industrielle Working Paper, 2004 (8): 1-44.

[156] Rochet J., Tirole J. Platform Competition in Two-sided Markets [J]. Journal of European Economic Association, 2003 (1): 990-1029.

[157] Rosati S., Secola S. Explaining Cross-border Large-value Payment Flows: Evidence from Target and Euro1 Data [J]. Journal of Banking & Finance, 2006, 30 (6): 1753-1782.

[158] Rosenberg. Technological Change in the Machine Tool Industry: 1840-

1910 [J] . The Journal of Economic History, 1963 (23): 414-446.

[159] Rosner M. T. , Kang A. Understanding and Regulating Twenty-First Century Payment Systems: The Ripple Case Study [M] . Michigan: Law Review, 2015, 114 (4): 650-681.

[160] Rysman M. The Economics of Two-sided Markets [J] . Journal of Economic Perspectives, 2009 (23): 125-143.

[161] Salami I. Terrorism Financing with Virtual Currencies: Can Regulatory Technology Solutions Combat This? [J] . Studies in Conflict & Terrorism, 2018, 41 (12): 968-989.

[162] Schlag H. K. Why Imitate, and if so, how? A Boundedly Rational Approach to Multi-armed Bandits [J] . Journal of Economic Theory, 1998 (78): 130-156.

[163] Selten R. A Note on Evolutionary Stable Strategies in Asymmetric Animal Conflicts [J] . Journal of Theoretical Biology, 1980 (84): 93-101.

[164] Stefano Spinaci. Cross-border Euro Transfers and Currency Conversions A Step forward in Favour of the Single Market [J] . European Parliamentary Research Service, 2018 (10): 1-8.

[165] Taylor P. D. , Jonker L. B. Evolutionarily Stable Strategies and Game Dynamics [J] . Mathematical Biosciences, 1978, 40 (1-2): 145-156.

[166] Thomas S. , Schwartz E. A Protocol for Interledger Payments [EB/OL] . URL https: //interledger. org/interledger. pdf, 2015.

[167] Tsai W. T. , Blower R. , Zhu Y. , Yu L. A System View of Financial Blockchains [C] . 2016 IEEE Symposium on Service-Oriented System Engineering (SOSE) . Amrica: IEEE Press, 2016: 479-511.

[168] Uesugi S. An Insight for Consequences of E-business: Possible Case of Cross Border Trading without Using Hard Currency [C] . 2003 Symposium on Applications and the Internet Workshops, Amrica: IEEE, 2003: 139-142.